라이프니츠가 들려주는
미분 4 이야기

김승태 지음

NEW
수학자가 들려주는
수학 이야기
72

라이프니츠가
들려주는
미분 4 이야기

㈜자음과모음

추천사

수학자라는 거인의 어깨 위에서 보다 멀리, 보다 넓게 바라보는 수학의 세계!

수학 교과서는 대개 '결과'로서의 수학을 연역적으로 제시하는 경향이 강하기 때문에 학생들은 수학이 끊임없이 진화해 왔다고 생각하기 어렵습니다. 그렇지만 수학의 역사는 하나의 문제가 등장하고 그에 대해 많은 수학자가 고심하고 이를 해결하는 가운데 새로운 아이디어가 출현해 온 역동적인 과정입니다.

〈NEW 수학자가 들려주는 수학 이야기〉는 수학 주제들의 발생 과정을 수학자들의 목소리를 통해 친근하게 이야기 형식으로 들려주기 때문에 학생들이 수학을 '과거 완료형'이 아닌 '현재 진행형'으로 인식하는 데 도움이 될 것입니다.

학생들이 수학을 어려워하는 요인 중의 하나는 '추상성'이 강한 수학적 사고의 특성과 '구체성'을 선호하는 학생의 사고 사이에 존재하는 간극이며, 이런 간극을 줄이기 위해서 수학의 추상성을 희석시키고 수학 개념과 원리의 설명에 구체성을 부여하는 것이 필요합니다.

〈NEW 수학자가 들려주는 수학 이야기〉는 수학 교과서의 내용을 생동감 있게 재구성함으로써 추상적인 수학을 구체성을 갖는 수학으로 변모시키고 있습니다. 또한 중간중간에 곁들여진 수학자들의 에피소드는 자칫 무료해지기 쉬운 수학 공부에 윤활유 역할을 해 줄 것입니다.

〈NEW 수학자가 들려주는 수학 이야기〉의 구성을 보면 우선 수학자의 업적을 개략적으로 소개하고, 6~9개의 강의를 통해 수학 내적 세계와 외적 세계, 교실 안과 밖을 넘나들며 수학 개념과 원리를 소개한 후 마지막으로 강의에서 다룬 내용을 정리합니다.

이런 책의 흐름을 따라 읽다 보면 각각의 도서가 다루고 있는 주제에 대한 전체적이고 통합적인 이해가 가능하도록 구성되어 있습니다. 〈NEW 수학자가 들려주는 수학 이야기〉는 학교 수학 교과 과정과 긴밀하게 맞물려 있으며, 전체 시리즈를 통해 학교 수학의 많은 내용들을 다룹니다. 따라서 〈NEW 수학자가 들려주는 수학 이야기〉를 학교 수학 공부와 병행하면서 읽는다면 교과서 내용의 소화 흡수를 도울 수 있는 효소 역할을 할 것입니다.

뉴턴이 'On the shoulders of giants'라는 표현을 썼던 것처럼, 수학자라는 거인의 어깨 위에서는 보다 멀리, 넓게 바라볼 수 있습니다. 학생들이 〈NEW 수학자가 들려주는 수학 이야기〉를 읽으면서 각 수학자의 어깨 위에서 보다 수월하게 수학의 세계를 내다보는 기회를 갖기를 바랍니다.

홍익대학교 수학교육과 교수 l《수학 콘서트》저자 박경미

책머리에

세상의 진리를 수학으로 꿰뚫어 보는 맛
그 맛을 경험시켜 주는 '미분 4' 이야기

　미분에 대한 이야기를 쓰면서 고등학생들이 보고 있는 교과서를 많이 분석하였습니다. 제가 현장에서 가르치고 있는 부분이지만 새롭게 책을 써 내려 간다는 것은 막상 가르칠 때와는 또 다른 느낌으로 다가옵니다. 문제를 조금 더 자세히 들여다봄으로써 가르칠 때는 무심코 지나쳤던 문제들에서 그 당시 아이들이 이해하지 못한 미묘한 부분을 알아내게 되었습니다. 수학 문제를 눈으로 보는 것과 손으로 쓰는 것은 엄청난 차이가 있습니다.

　아는 문제인데 막상 풀려고 하면 막혔던 경험이 고등학생이라면 누구나 한 번쯤 있을 것입니다. 수학은 눈으로 하는 공부가 아닙니다. 직접 풀어 보고 그것을 익혀야 합니다. 이 책은 미분의 문제 풀이를 집중적으로 다루고 있습니다. 때로는 수능에 출제된 문제가 등장하기도 합니다. 이 책을 눈으로만 읽지 말고 샤프를 손에 쥐고 종이에 풀이를 써 가며 활용하는 책이 되었으면 합니다.

　창조와 응용은 노력에서 나옵니다. 여러분의 수학 실력 향상은 노력의 산물이라고 저는 믿습니다. 조앤 K. 롤링이 〈해리 포터〉를 창작하기 위해 〈나니아

연대기〉라는 소설을 다섯 번 이상 베껴 쓴 것처럼 여러분도 이 책을 옆에 두고 때로는 쓰고 풀어 가면서 공부한다면 미분이라는 거대한 성을 함락할 수 있을 것입니다.

김승태

차례

추천사   4
책머리에   6
100% 활용하기   10
라이프니츠의 개념 체크   24

1교시
몫의 미분법   35

2교시
합성합수의 미분법   55

3교시
매개변수로 나타난 함수의 미분법   69

4교시
음함수와 역함수의 미분법   83

5교시
삼각함수의 미분법   99

6교시
로그함수와 지수함수의 미분법   115

7교시
이계도함수   131

8교시
도함수의 활용   145

9교시
도함수의 활용 — 함수의 증감 판별   159

10교시
미분을 이용한 함수 그래프 그리기   171

1 이 책은 달라요

《라이프니츠가 들려주는 미분 4 이야기》는《미분 3 이야기》와 같이 미분의 문제 풀이를 다루고 있습니다.《미분 3 이야기》가 미적분 Ⅰ의 미분을 주로 다루고 있다면《미분 4 이야기》는 고등학교 미적분 Ⅱ에서 공부하는 미분을 주로 다루고 있습니다. 이 책은 기존의 딱딱한 수학 문제 풀이를 탈피하여 재미있고 신나게 미분을 풀이하였습니다. 문제는 기존 교과서에서 중요하게 다루는 문제들과 수능에 출제되었던 기출 문제들의 패턴을 따라 다루고 있으며, 문제에서 알아야 할 주요 개념을 철저히 파헤쳐 풀이하였습니다. 꼼꼼히 읽어 나간다면 어느 정도 수학적 지식을 가진 학생들은 무리 없이 이해할 수 있도록 구성하였습니다.

교과 과정상 미분과 적분은 최근 상당히 중요한 부분으로 떠오르고 있습니다. 이런 현실을 감안하여 최대한 학생들의 시각과 이해력에 맞추어 집필하였습니다. 이 책은 학교 교과서에 딱 맞추어 만들어졌습니다. 단지 미분에 대한 피상적인 이야기를 다루는 것은 피하였습니다.

2 이런 점이 좋아요

❶ 현재 고등학교 교과 과정에서 배우는 미분 문제 중 가장 중요하게 다루고 있는 개념과 문제를 중심으로 이야기를 만들었습니다.

❷ 미분을 창시한 라이프니츠가 마치 가정 교사가 된 것처럼 여러분에게 들려주는 이야기 형식의 책입니다. 때로는 재미있게, 때로는 진지하게 라이프니츠가 미분에 대한 이야기를 들려줄 것입니다.

❸ 일반인, 대학생 또는 수학을 강의하고 있는 사람들에게도 이 책은 유용하게 쓰일 것입니다. 저학년 학생들이라도 이 시리즈를 순서대로 읽어 나간다면 많은 도움이 될 것입니다.

3 교과 연계표

학년	단원(영역)	관련된 수업 주제 (관련된 교과 내용 또는 소단원명)
고 2~3(미적분1)	미분	미분계수, 도함수의 활용
고 2~3(미적분2)	미분법	여러 가지 함수의 미분, 여러 가지 미분법

4 수업 소개

1교시 몫의 미분법

몫을 미분하여 봅니다.

몫의 도함수를 구하는 과정을 살펴봅니다.

- 선행 학습

  - 도함수 : 기하학적으로 함수의 도함수는 함수 그래프의 기울기이며 좀 더 정확하게는 한 점에서 접선의 기울기입니다. 이 값은 직선의 기울기 공식으로 계산하지만 곡선의 기울기는 극한을 사용합니다.
  - 순간변화율 : 평균변화율이 $\frac{f(b)-f(a)}{b-a}$ 이고, 여기서 $b=a+h$ 라고 놓는다면 평균변화율은 $\frac{f(a+h)-f(a)}{h}$ 가 됩니다. 여기서 $h \to 0$ 이면 순간변화율이 됩니다.
  - 번분수 : 분모나 분자가 분수로 되어 있는 분수를 말합니다.

• 학습 방법

- $f'(x) = \lim\limits_{\Delta x \to 0} \dfrac{\Delta y}{\Delta x} = \lim\limits_{\Delta x \to 0} \dfrac{f(x+\Delta x)-f(x)}{\Delta x}$

- 몫의 도함수

$$\left\{\dfrac{g(x)}{f(x)}\right\}' = g'(x) \cdot \dfrac{1}{f(x)} + g(x)\left\{\dfrac{1}{f(x)}\right\}' \quad \text{곱의 미분법 적용}$$

$$= \dfrac{g'(x)}{f(x)} - \dfrac{g(x)f'(x)}{\{f(x)\}^2}$$

$$= \dfrac{g'(x)f(x) - g(x)f'(x)}{\{f(x)\}^2} \quad \text{통분}$$

2교시 합성함수의 미분법

합성함수의 미분법을 알아봅니다.

합성함수의 미분법이 나오는 과정을 살펴봅니다.

• 선행 학습

- 함수 : 수학에서 한 변수독립변수와 다른 변수종속변수 사이의 관계를 명시하는 표현이나 규칙을 말합니다.

- 피타고라스학파 : 본래 종교 모임이었지만 피타고라스가 창설한 승려회는 플라톤과 아리스토텔레스의 사고에 영향을 준 원리를 형성했고 수학과 서구 합리 철학의 발달에 기여했습니다.

- 지수 : 어떤 수의 거듭제곱을 나타내기 위해 그 수의 오른쪽 위에 작게 쓴 수를 말합니다. 예를 들어, 2^8에서 8이 지수이고 2는 밑입니다.

• 학습 방법

- $y=f(u)$와 $u=g(x)$가 각각 미분가능한 함수이면, 합성 함수 $y=f(g(x))$도 미분가능하며 $\dfrac{dy}{dx}=\dfrac{dy}{du}\cdot\dfrac{du}{dx}$ 또는 $\{f(g(x))\}'=f'(g(x))\cdot g'(x)$

- $y=f(ax+b)$ ➡ $y'=af'(ax+b)$

  또 $y=\{f(x)\}^n$ (단, n은 정수) ➡ $y'=n\{f(x)\}^{n-1}f'(x)$

3교시 매개변수로 나타내어진 함수의 미분법

매개변수를 알아봅니다.

매개변수를 이용한 함수의 미분법을 살펴봅니다.

• 선행 학습

- 합성함수 : 두 함수를 합성하여 얻은 함수를 말합니다. 두 함수 $y=f(z)$와 $z=g(x)$에 대하여 $y=f(g(x))$를 이르는 말입니다.

• 학습 방법

- 매개변수란 두 개 이상의 변수 사이의 함수 관계를 간접적으로 표시할 때 사용하는 변수를 말합니다.

- 두 변수 x, y의 함수 관계가 변수 t를 매개로 하여 $x=f(t), y=g(t)$인 꼴로 주어질 때, 변수 t를 매개변수라 하고 함수 $x=f(t), y=g(t)$를 매개변수로 나타낸 함수라고 합니다.

- 두 함수 $x=f(t), y=g(t)$가 미분가능하고 $f'(t)\neq 0$일 때,

$$\frac{dy}{dx} = \frac{\dfrac{dy}{dt}}{\dfrac{dx}{dt}} = \frac{g'(t)}{f'(t)}$$

4교시 음함수와 역함수의 미분법

음함수에 대한 미분법을 알아봅니다.

역함수에 대한 미분법을 알아봅니다.

- **선행 학습**

 - 변수 : 수학에서 쓰는 수식에 따라서 변하는 값을 말합니다.

 - 양변 : 등호나 부등호의 양쪽을 아울러 이르는 말입니다.

- **학습 방법**

 - 음함수란 방정식 $xy+x=y$에서 우변에 있는 y를 좌변으로 옮겨 $xy+x-y=0$과 같이 $F(x, y)=0$의 모양으로 나타낸 함수를 말합니다. 음함수는 영어로 implicit function입니다.

 - 양함수란 $xy+x=y$라는 식을 y에 관하여 풀어 $y=\dfrac{x}{1-x}$(단, $x \neq 1$)와 같이 $y=f(x)$의 모양으로 주어진 함수를 말합니다. 양함수는 영어로 explicit function입니다.

 - $y=\sqrt{x}$ ➡ $y'=\dfrac{1}{2\sqrt{x}}$

 - 함수 $f(x)$의 역함수 $f^{-1}(x)$가 존재할 때, $y=f^{-1}(x)$이면 $x=f(y)$

5교시 삼각함수의 미분법

삼각함수에 대하여 알아봅니다.

삼각함수의 미분법을 알아봅니다.

- 선행 학습

  - 삼각비 : 직각삼각형의 세 변 가운데 어느 두 변을 취하여 만든 비의 값을 말합니다. 사인, 코사인, 탄젠트, 시컨트, 코시컨트, 코탄젠트가 있습니다.

- 학습 방법

  - 삼각함수의 여러 성질과 극한 $\lim\limits_{x \to 0} \dfrac{\sin x}{x} = 1$을 이용하여 알아봅니다.
  - $y = \sin x$이면 $y' = \cos x$

    $y = \cos x$이면 $y' = -\sin x$

    $y = \tan x$이면 $y' = \sec^2 x$
  - $y = \sec x$이면 $y' = \sec x \tan x$

    $y = \csc x$이면 $y' = -\csc x \cot x$

    $y = \cot x$이면 $y' = -\csc^2 x$

6교시 로그함수와 지수함수의 미분법

로그함수의 미분법을 알아봅니다.

지수함수의 미분법을 알아봅니다.

- 선행 학습
  - 극한 : 접근 개념을 바탕으로 한 수학적인 개념입니다.
  - 로그 : 1이 아닌 양의 어떤 수를 거듭제곱하여 다른 주어진 수와 같아지는 거듭제곱수를 말합니다.
  - 절댓값 : 실수에서, 양 또는 음의 부호를 떼어 버린 수를 말합니다. a의 절댓값은 $|a|$로 나타냅니다.
  - 자연로그 : 초월수 e를 밑으로 하는 로그를 말합니다.

- 학습 방법
  - $y=\ln x \Rightarrow y'=\dfrac{1}{x}$
    $y=\log_a x \Rightarrow y'=\dfrac{1}{x\ln a}$
    $y=\ln|f(x)| \Rightarrow y'=\dfrac{f'(x)}{f(x)}$
  - $y=a^x$ 이면 $y'=a^x \ln a$ (단, $a>0, a\ne 1$)
  - $y=e^x$ 이면 $y'=e^x$

7교시 이계도함수

이계도함수에 대하여 알아보고 미분합니다.

- 선행 학습
  - 인수분해 : 한 다항식을 두 개 이상의 인수의 곱의 꼴로 나타내는 것을 말합니다.

- 학습 방법
  - 함수 $y=f(x)$의 도함수 $f'(x)$가 미분가능할 때, $f'(x)$의 도함수를 $y=f(x)$의 이계도함수라 합니다. 기호로는 $f''(x), y'', \dfrac{d^2}{dx^2}f(x), \dfrac{d^2y}{dx^2}$와 같이 나타냅니다.
  - 함수 $y=f(x)$를 n번 미분한 함수를 $f(x)$의 n계도함수라 하고 다음과 같이 나타낼 수 있습니다. $f^{(n)}(x), y^{(n)}, \dfrac{d^n}{dx^n}f(x), \dfrac{d^ny}{dx^n}$

8교시 도함수의 활용

갈릴레이에 대해 알아봅니다.

도함수의 활용을 알아봅니다.

- 선행 학습
  - 방정식 : 변수의 값에 관계없이 식이 항상 참인 항등식과 달리 변수가 특정 값(혹은 함수)일 때만 참이 되는 식을 말합니다. 그리고 어느 방정식을 참이 되게 하는 변수의 값을 해라고 합니다. 해가 없을 수도 있고(불능), 몇 개의 값이거나 모든 값일 수도 있습니다. 마지막 경우, 그 방정식은 항등식이 됩니다.
  - 타원 : 평면 위 두 정점에서의 거리 합이 언제나 일정한 점의 자취를 말합니다. 이 두 정점을 타원의 초점이라고 합니다.

• 학습 방법

- $y=f(x)$ 위의 점 $P(a, f(a))$에서의 접선의 방정식은 $y-f(a)=f'(a)(x-a)$

- $y=f(x)$ 위의 점 $P(a, f(a))$에서 법선의 방정식은 $y-f(a)=-\dfrac{1}{f'(a)}(x-a)$ (단, $f'(a) \neq 0$)

- 롤의 정리 : 함수 $f(x)$가 폐구간 $[a, b]$에서 연속이고 개구간 (a, b)에서 미분가능할 때, $f(a)=f(b)$이면 $f'(c)=0$인 c가 a와 b 사이에 적어도 하나 존재합니다.

- 평균값의 정리 : 함수 $f(x)$가 폐구간 $[a, b]$에서 연속이고, 개구간 (a, b)에서 미분가능하면 $\dfrac{f(b)-f(a)}{b-a}=f'(c)$인 c가 a와 b 사이에 적어도 하나 존재합니다.

9교시 도함수의 활용 – 함수의 증감 판별

도함수를 이용하여 함수의 증감을 판별합니다.

• 선행 학습

- 극값 : 함수 $f(x)$가 연속이고 $x=a$ 부근에서 증가 → 감소로 변하면 $f(a)$는 극댓값이고, $x=b$ 부근에서 감소 → 증가로 변하면 $f(b)$는 극솟값을 가집니다. 이러한 극댓값과 극솟값을 통틀어 극값이라고 합니다.

- 학습 방법

  - 함수의 증가, 감소

    · $f'(x)>0$인 구간에서 $f(x)$는 증가합니다.

    · $f'(x)<0$인 구간에서 $f(x)$는 감소합니다.

  - 함수 $f(x)$가 어떤 구간에서 미분가능할 때, 그 구간의 임의의 두 수 a, b에 대하여 $a<b$이면 평균값의 정리에 의하여 $\dfrac{f(b)-f(a)}{b-a}$ $=f'(c)$ (단, $a<c<b$)인 c가 적어도 하나 존재합니다.

  - 이계도함수에 의한 극값의 판정

    $f'(a)=0$이고, $x=a$의 근처에서 $f''(x)$가 존재할 때, 함수 $f(x)$는 $x=a$에서

    · $f''(a)<0$이면 극댓값 $f(a)$를 가집니다.

    · $f''(a)>0$이면 극솟값 $f(a)$를 가집니다.

10교시 미분을 이용한 함수 그래프 그리기

미분을 이용하여 여러 가지 함수를 알아봅니다.

- 선행 학습

  - 호 : 원의 일부로 중심각에 비례하는 원주의 한 부분을 말합니다.

  - 현 : 호의 양 끝점을 직선으로 이은 선분을 말합니다.

  - 변곡점 : 굴곡의 방향이 바뀌는 자리를 나타내는 곡선 위의 점을 말합니다.

- 우함수 : 함수 $f(x)$가 $f(-x)=f(x)$라는 관계를 만족할 때, $f(x)$를 이르는 말입니다. 이 함수의 그래프는 y축에 대하여 대칭입니다.
- 기함수 : 함수 $f(x)$가 $f(-x)=-f(x)$라는 관계를 만족할 때, $f(x)$를 이르는 말입니다. 이 함수의 그래프는 원점에 대하여 대칭입니다.

• **학습 방법**

- 곡선의 오목, 볼록 상태

    구간 (a, b)에서 곡선 $y=f(x)$ 위의 임의의 두 점 P, Q에 대하여 P, Q 사이에 있는 곡선 부분이 항상 선분 PQ보다 아래쪽에 있을 때, 곡선 $y=f(x)$는 구간 (a, b)에서 아래로 볼록한 모습이거나 같은 모습입니다. 이것은 위로 오목하다고 할 수도 있습니다.

- 곡선의 오목, 볼록 판정

    함수 $f(x)$가 어떤 구간에서 항상,

    · $f''(x)>0$이면 곡선 $y=f(x)$는 이 구간에서 아래로 볼록합니다.

    · $f''(x)<0$이면 곡선 $y=f(x)$는 이 구간에서 위로 볼록합니다.

- 함수 그래프의 개형을 그리는 방법

    함수 $y=f(x)$에 대하여 다음과 같은 사항을 조사한 다음 이를 종합하여 그릴 수 있습니다.

    ① 곡선이 존재하는 범위 함수의 정의역과 치역

    ② 좌표축과 만나는 섬

    ③ 곡선의 대칭성과 주기

우함수 : y축에 대칭 $f(-x)=f(x)$

기함수 : 원점에 대칭 $f(-x)=-f(x)$

④ 함수의 증감과 극대·극소 $f'(x)$의 부호로 판정

⑤ 그래프의 오목, 볼록, 변곡점 $f''(x)$의 부호로 판정

⑥ 점근선과 $\lim_{x \to \infty} f(x)$, $\lim_{x \to -\infty} f(x)$

라이프니츠를 소개합니다

Gottfried Wilhelm von Leibniz(1646~1716)

라이프니츠는 이진법 산술 체계를 개발하여 오늘날 디지털 컴퓨터 사용을 가능하게 한 장본인입니다.

그는 모국어인 독일어뿐만 아니라 라틴어, 고대 그리스어, 프랑스어, 영어 등 각종 언어에 능통했습니다.

그는 수학자이자, 철학자, 언어학자, 법학자였습니다. 그리고 뛰어난 외교관이자 행정가이기도 했습니다. 이렇듯 다방면에서 남들보다 특출한 재능을 보였던 그는 후세에도 한 시대를 풍미한 천재로 통합니다.

여러분도 라이프니츠처럼 여러분을 둘러싼 것에 대해 많은 호기심과 깊은 탐구력을 기를 수 있기 바랍니다.

여러분, 나는 라이프니츠입니다

나는 일반적인 미적분학 이론을 발전시켰습니다. 미분, 미분계수, 적분의 개념을 dx, $\dfrac{dy}{dx}$, $\int y\,dx$로 표기하는 방법을 개발한 사람도 바로 나, 라이프니츠입니다. 나는 가끔 고등학교 선생님들로부터 학생들이 이 기호들을 유용하게 쓰고 있다는 편지를 받습니다. 아, 물론 세월이 흘러 요즘은 이메일과 문자 메시지로도 받고 있습니다.

또한 나는 여러 번 시도한 끝에 미분계수에 대한 곱의 법칙 $(uv)' = u \cdot dv + v \cdot du$를 정확히 유도했지요. 내가 이것을 발견했을 당시 또 한 가지 알아낸 사실은 미분과 적분 연산 사이에 역의 관계가 성립한다는 것입니다. 이것이 바로 미적분학의 기

본 정리로 알려진 법칙입니다. 이처럼 나는 다양한 이론을 가지고 일반적인 미적분학 이론을 통합시켜 나갔습니다.

사람들은 자신이 무언가에 열중할 때 정말 신이 나는 것 같습니다. 여러분이 게임을 할 때나 내가 미적분학에 몰두할 때나 마찬가지 기분일 것이라 생각합니다. 둘은 다만 대상이 다를 뿐입니다. 우리 뇌는 오락이나 수학에 몰두하게 되면 똑같이 즐거움을 느끼게 됩니다. 여러분도 수학이 노는 것만큼 재미있다고 세뇌시킨다면 앞으로 수학에 대한 두려움을 없앨 수 있을 것입니다.

1676년 가을, 나는 모든 정수와 유리수 n에 대한 미분계수 거듭제곱의 법칙인 $(x^n)'=nx^{n-1}$과 순차 연산에 적용된 연쇄 법칙을 증명하였습니다. 나는 이것을 증명하기 위하여 뇌의 37%를 총 가동하였지요. 그땐 정말 뇌가 모두 녹아내리는 줄 알았습니다. 한 사람의 뇌를 무려 37%나 사용한다는 것은 자신이 좋아하는 사람에게 말을 걸기 위한 준비만큼이나 많은 긴장을 주는 일입니다.

나는 1676년부터 1677년까지 친구인 뉴턴과 네 통의 편지를 주고받으며 수학에 관한 이야기를 나누었습니다. 사실 나는 뉴턴과 적분에 대한 연구 결과를 공유하기도 했습니다. 하지만 미분은 내가 먼저 발견했습니다. 물론 뉴턴은 자신이 먼저라고 주장을 하지만요. 이런 주장으로 우리는 한때 심하게 다투기도 하였습니다.

   나는 미분계수를 곡선에 접하는 접선의 기울기로 이해하는 것과 같은 기하학적 접근을 통해, 미분계수를 이용하여 곡선의 극점을 찾는 방법과 2차 미분계수를 사용하여 다시 그것들을 극대와 극소로 나누는 방법을 발견하기도 했습니다. 사실 아무에게도 말을 안 한 것이지만 나는 용 캐릭터를 보면서 적분 기호를 만들었습니다. 하하하, 농담입니다. 적분 기호는 's'를 길게 늘여 쓴 기호 $\int$ 입니다. 적분을 나타내는 표기인 $\int y\, dx$를 만들어 냈습니다. 마치 게임에서 캐릭터를 만들어 내는 것처럼 말입니다. 수학은 나에게 오락이나 마찬가지입니다.

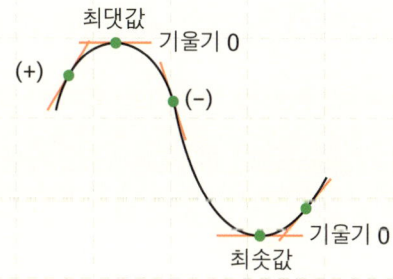

앞의 그림은 내가 쓴 논문에서 미분계수가 접선의 기울기를 나타낸다고 설명하는 부분입니다. 기울기가 양수이거나 음수일 때는 그래프가 증가하거나 감소하며, 기울기가 0일 때는 그래프가 최댓값이나 최솟값이 되는 경우도 있습니다. 그런데 나는 화가들이 그림을 그릴 때 바로 이 기법을 응용한 것 같다는 느낌이 들었습니다. 다음 그림을 보세요.

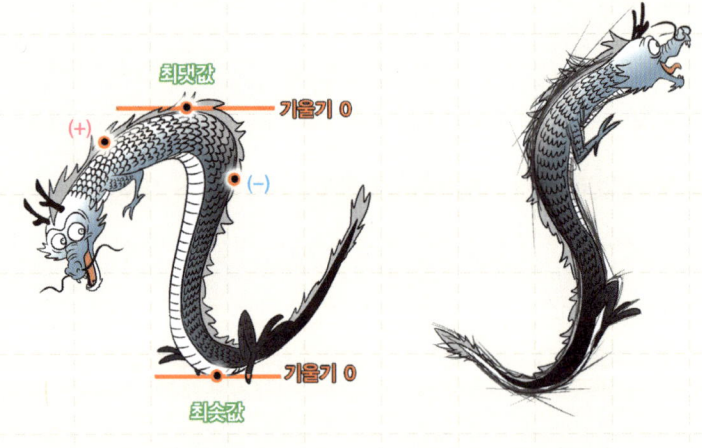

스케치 방법 중에는 선을 여러 번 그려서 하나의 모습을 나타내는 것이 있습니다. 접선의 기울기를 겹쳐서 그리면 아마도 위의 그림처럼 되지 않을까요? 아, 물론 나 혼자만의 생각입니다. 이후 10년 동안 나는 더 많은 미적분학의 기술을 개발하였습니다. 1691년에 나는 삼각함수 $\sin x$와 $\cos x$, 자연로그 함수 $\ln(1+x)$ 그리고 그것의 역함수인 지수함수의 무한급수 표현을 찾아냈습니다.

내가 고안해 낸 걸작 중에는 덧셈, 뺄셈, 곱셈, 나눗셈, 제곱근 계산이 가능한 계산기도 있습니다. 나는 2의 거듭제곱의 합으로 수를 표현하기 위해 오직 0과 1이라는 기호만을 사용하는 연산의 이진 체계를 연구하였습니다. 이진법은 오늘날 우리가 컴퓨터와 대화를 나눌 수 있게 하는 체계입니다.

19세기 영국 수학자 불(George Boole, 1815~1864)은 나의 영향을 받아 복잡한 문장을 더욱 간단히 나타내기 위해 'and', 'or', 'not'과 같은 논리적 연산을 사용하는 불 대수를 만들어 냈습니다. 이처럼 우리 수학자들은 서로 협력하여 수학을 발전시켜 왔습니다.

그 밖에 내가 관심을 가진 분야로 철학, 역학, 신학 등이 있습니다. 요즘 학생들은 철학에 관심이 없다고들 합니다. 그러나 철학은 우리가 살아가는 데 길을 제시해 주는 학문이라 할 수 있습니다. 하루하루 재미있게 사는 것도 중요하지만 자신이 어떤 방향으로 나아갈 것인지 목표를 정하고 살아가는 것이 중요합니다. 특히 청소년 시기에는 목표 의식을 가지는 것이 중요합니다. 바로 그런 목표 의식을 갖도록 도와주는 학문이 철학입니다.

그럼 여기서 앞으로 수업을 도와줄 친구를 소개하도록 하겠습니다.

"안녕하세요. 미분! 정말 공부하고 싶은 분야입니다. 그런데 미분은 너무 어려워, 어려워! 아 참, 나는 개그맨 노옹철입니다. 앞으로 라이프니츠 선생님을 도와 여러분과 함께 미분을 배워 나갈 것입니다. 열심히 해요, 우리!"

1교시

몫의 미분법

몫의 도함수를 구하는 방법에 대해서 알아봅니다.

수업 목표

1. 몫을 미분하여 봅니다.
2. 몫의 도함수를 구하는 과정을 살펴봅니다.

미리 알면 좋아요

1. **도함수** 기하학적으로 함수의 도함수는 함수 그래프의 기울기이며 좀 더 정확하게는 한 점에서 접선의 기울기입니다. 이 값은 직선의 기울기 공식으로 계산하지만 곡선의 기울기는 극한을 사용합니다.

2. **순간변화율** 평균변화율이 $\dfrac{f(b)-f(a)}{b-a}$ 이고, 여기서 $b=a+h$ 라고 놓는다면 평균변화율은 $\dfrac{f(a+h)-f(a)}{h}$ 가 됩니다. 여기서 $h \to 0$ 이면 순간변화율이 됩니다.

3. **번분수** 분모나 분자가 분수로 되어 있는 분수를 말합니다.

라이프니츠의 첫 번째 수업

"어려워, 어려워. 무지 어려울 것 같아."

옆에서 옹철이가 말미잘처럼 입을 내밀며 나불거립니다. 물론 어려운 내용도 많이 있을 것입니다. 사실 어려운 것이 당연합니다. 여기가 학교 수학에서 배우는 미분의 마지막 종착역이니까요. 하지만 뜸 들인다고 해결되는 일이 아닙니다. 이 꽉 깨물고 도전해 봅시다.

x^n(단, n은 실수)의 도함수 및 몫의 미분법을 알아보고, 이를

활용하는 방법에 대해서 공부하도록 하겠습니다. 우선, 앞에서 배운 도함수의 성질에 관해 복습하면서 수학의 머리를 작동시키도록 하겠습니다.

함수 $f(x)$에 대하여 극한값 $\lim\limits_{\Delta x \to 0} \dfrac{f(a+\Delta x)-f(a)}{\Delta x}$가 존재할 때, 그 극한값을 $x=a$에서 $f(x)$의 미분계수라 하고, 기호로는 $f'(a)$와 같이 나타냅니다. 그런 내용을 머릿속에 그려 넣어 보세요.

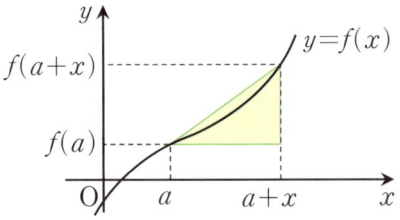

자, 옹철이에게 최면을 걸어 보도록 하겠습니다. 레드 선!

우선, 함수가 떠오릅니다. 그다음 $\lim\limits_{\Delta x \to 0} \dfrac{f(a+\Delta x)-f(a)}{\Delta x}$ 극한 기호와 Δx델타 엑스 그리고 함수 $f(x)$가 마구 뒤섞여 하늘을 떠다닙니다. 그리고 이들 모두에게 연관된 기호 하나가 가려진 구름 속에서 나타납니다. 그게 바로 $f'(a)$입니다. 옹철이가 최면에서 풀려나고 기억 속에서 함수 $f(x)$는 $x=a$에서 미분가능하다고 합니다.

함수 $f(x)$가 어떤 구간 내의 모든 x값에서 미분가능할 때, 각 x값에 $f'(x)$를 대응시키는 함수를 $y=f(x)$의 도함수라 하고, 기호로 $f'(x)$에프 프라임 엑스라고 씁니다. 함수 $f(x)$의 도함수를 구하는 것을 $f(x)$를 x에 대하여 미분한다고 합니다.

"음, 도함수를 구하는 것이 바로 미분이구나. 미분!"

라이프니츠의 첫 번째 수업

이때, x의 증분늘어난 간격 Δx에 대한 y의 증분을 Δy델타 와이라고 하면 $f'(x)$는 다음과 같습니다.

$$f'(x) = \lim_{\Delta x \to 0} \frac{\Delta y}{\Delta x} = \lim_{\Delta x \to 0} \frac{f(x+\Delta x)-f(x)}{\Delta x}$$

다시 옹철이에게 최면을 걸어 봅니다. 레드 선! 옐로 오렌지! 프라임이 등장합니다. 순간변화율이 떠오릅니다. 그 순간! 리미트 lim, 극한이 등장합니다. 그리고 이것들이 모두 미분으로 연관됩니다!

갑자기 옹철이가 최면에서 깨어납니다.

"어, 뭐야? 내 머릿속에서 갑자기 괴상한 생각이 마구 엉킨 것 같아요."

$y=f(x)$의 도함수를 나타내는 기호는 대표적으로 $f'(x)$을 사용하고 y', $\{f(x)\}'$, $\dfrac{dy}{dx}$, $\dfrac{d}{dx}f(x)$ 등을 사용하기도 합니다.

"아! 헷갈려, 헷갈려."

우리가 앞서 배웠던 것을 간단히 정리해 보았습니다. 그럼 이제 본격적으로 몫의 도함수에 대해 알아보도록 하겠습니다.

> **Tip 몫의 도함수**
> $y=\dfrac{g(x)}{f(x)}$ 이면 $y'=\dfrac{g'(x)f(x)-g(x)f'(x)}{\{f(x)\}^2}$

자, 지금부터 교과서에 나온 미분가능한 두 함수를 가지고 몫의 도함수를 구하는 과정을 설명하겠습니다.

"우웩, 교과서 앞에 나오는 개념 설명이 더 어려워요. 차라리 그런 설명이 없는 것이 나아요. 학생들에게 물어봐요. 말로만 쉽게 설명한다고 하고 더 어려워. 나 포기, 포기!"

여러분, 나 라이프니츠의 명예를 걸고 최대한 쉽게 설명해 줄 테니 우리 한번 도전해 보도록 해요.

"어려운데……."

옹철 군, 나를 좀 도와주세요. 이해가 안 되는 부분이 나오면 바로 이야기하면 됩니다.

일단, 함수 $y=\dfrac{g(x)}{f(x)}$가 나왔습니다. 몫의 함수입니다. 분모 $f(x)$를 u라고 둡니다. $f(x)=u$ 그리고 분자 $g(x)=v$라고 두세요. 지금 이렇게 두면 뒤에서 유용하게 쓰입니다.

Δu를 분모 u의 증분이라고 하면 $\Delta u=f(x+\Delta x)-f(x)$가

됩니다. 이번에는 분자 v의 증분 $\Delta v = g(x+\Delta x) - g(x)$로 둘 수 있습니다.

이렇게 전쟁을 치르기 위한 준비가 끝났습니다. 그럼 미분 공격을 하기 위해 일단 Δ를 사용하겠습니다.

$$\Delta y = \frac{g(x+\Delta x)}{f(x+\Delta x)} - \frac{g(x)}{f(x)}$$

"잠깐만요. 왜 갑자기 이런 모습이 나타난 거죠?"

아, 그건 함수 $y = \frac{g(x)}{f(x)}$의 증분을 나타내는 과정으로 이런 모습이 나타난 것입니다. 몫의 덩어리에서 몫의 덩어리를 빼면 y의 증분이 되는 것입니다.

"아주 조금 알 듯 말 듯 한데요. 계속해 보세요. 어렵게 하면 안 돼요, 안 돼."

그럼 위 식의 우변을 통분하겠습니다. 분수를 계산할 때 분모가 다르면 통분해야 하잖아요. 그건 초등학생들도 다 알고 있는 사실이에요.

$$= \frac{g(x+\Delta x)f(x) - g(x)f(x+\Delta x)}{f(x+\Delta x)f(x)}$$

"아, 그래도 어려워요. 좀 더 쉽게 설명해 주세요."

하지만 옹철 군. 쉽게 설명한다고 있는 것을 없앨 수는 없잖아요. 그럼 잠시 통분에 관해 설명하도록 하겠습니다. 예를 들어, $\dfrac{b}{a}+\dfrac{d}{c}=\dfrac{bc+ad}{ac}$로 통분되듯이 위 함수식도 마찬가지입니다. 하지만 그다음이 힘듭니다. 두 눈 크게 뜨고 쳐다보세요.

$$= \frac{\{g(x+\Delta x)-g(x)\}f(x)-g(x)\{f(x+\Delta x)-f(x)\}}{f(x+\Delta x)f(x)}$$

"앗! 다시, 다시……. 너무 어려워요."

좋아요. 일단 한숨 돌리고 생각해 보겠습니다. 분자가 저렇게 변한 것은 분자에 $g(x)f(x)$를 빼고 더하여 정리했기 때문입니다. 이렇게 해야만 우리가 만들어 놓은 $\Delta u = f(x+\Delta x)-f(x)$와 $\Delta v = g(x+\Delta x)-g(x)$를 사용할 수 있기 때문입니다.

그건 그렇고 왜 분자 부분이 이처럼 나왔는지 이해가 안 갈 것입니다. 교과서도 이 부분에 대해서는 친절하게 설명해 주지 않았습니다.

자, 그럼 이제부터 위의 식을 철저히 파헤쳐 보도록 하겠습니다. 옹철 군, 집중하세요.

우선, 분자를 전개해 보면 중간 과정을 알아볼 수 있을 것입니다. 분자의 첫 번째 괄호 뒤에 붙어 있는 $f(x)$를 뒤에서 건너뛰며 분배시키면 다음과 같습니다.

$$g(x+\Delta x)f(x)-g(x)f(x)$$

그리고 $-g(x)$를 분배시키면 $-g(x)f(x+\Delta x)+g(x)f(x)$ 가 됩니다. 여기서 앞의 $-g(x)f(x)$와 뒤의 $+g(x)f(x)$는 조용히 사라지게 됩니다. 자, 이제 원래의 식에 $\Delta u = f(x+\Delta x) - f(x)$와 $\Delta v = g(x+\Delta x) - g(x)$를 이용하여 분자 부분에 투입시키면 녀석의 모습을 조금 줄일 수 있습니다.

$$\Delta y = \frac{\Delta v \cdot f(x) - g(x) \cdot \Delta u}{f(x+\Delta x)f(x)}$$

"와, 정말 확 줄었어요."

이제 변화율을 알기 위하여 Δy를 Δx로 나누어 보겠습니다. 그러면 다음과 같이 나타나게 됩니다.

$$\frac{\Delta y}{\Delta x} = \frac{\frac{\Delta v}{\Delta x}f(x) - g(x)\frac{\Delta u}{\Delta x}}{f(x+\Delta x)f(x)}$$

"아, 잠깐 잠깐. 갑자기 왜 이렇게 엉망이 된 거예요? 뭐가 뭔지 모르겠어요."

아, 그건 우변의 분자에 있는 식을 Δx로 나누어 주었기 때문입니다.

"그럼 분모는 Δx로 안 나누어 줘도 되나요? 이상하고 불공평해요. 왜 분모는 차별하나요? 그래도 되나요. 이상해, 이상해. 납득하기 힘들어."

분수식 중에서 분자만 나누어도 되는 경우를 또 다른 분수식을 통해 설명하도록 하겠습니다. 가령, $3=\dfrac{6}{2}$이라는 식을 봅시다. 양변을 2로 나누도록 하겠습니다. 그러면 식은 다음과 같이 될 것입니다.

$$\frac{3}{2} = \frac{\frac{6}{2}}{2}$$

일단 앞서 한 이야기를 증명하기 위해 분자만 2로 나누었습니다. 그럼 식이 성립하는지 알아보겠습니다. 분자를 약분한 결과 $\frac{3}{2} = \frac{3}{2}$으로 좌변과 우변이 일치하였습니다.

"아, 그렇네요. 분자만 나누어도 되네요. 아, 쉬워요. 쉬워요."

우리는 또다시 한차례 전쟁을 치르기 위해 무기를 만들고 있습니다. 다음 무기들을 잘 봐 주세요.

$v = g(x)$라는 재료를 가지고 $\lim\limits_{\Delta x \to 0} \frac{\Delta v}{\Delta x} = g'(x)$라는 아주 극한 상태의 무기를 만들었습니다. 그다음은 $u = f(x)$라는 재료를 이용해 $\lim\limits_{\Delta x \to 0} \frac{\Delta u}{\Delta x} = f'(x)$도 만들어 봅시다. 이 재료는 분명 앞에서 설명한 그런 재료입니다. 새로운 원료가 아닙니다.

이 둘은 각각 $f(x)$와 $g(x)$의 도함수입니다. 이제 마지막 결정타를 날릴 무기로 $\lim\limits_{\Delta x \to 0} f(x + \Delta x) = f(x)$를 소개하도록 하겠습니다. Δx가 0으로 가는 극한 상태에서는 $f(x)$가 될 수밖에 없는 무기입니다. 이것은 모든 것을 0으로 날려 버리는 원자 구조를 가지고 있는 폭탄입니다.

그럼 우리는 이러한 폭탄을 어디에 던져야 할까요? 자, 다음을 보세요.

$$\frac{\Delta y}{\Delta x} = \frac{\frac{\Delta v}{\Delta x}f(x) - g(x)\frac{\Delta u}{\Delta x}}{f(x+\Delta x)f(x)}$$

여기입니다.

"앗, 선생님. 이 식은 우리가 앞에서 그렇게 힘들게 정리한 것이잖아요. 그런데 여기에 폭탄을 던지겠다니! 말도 안 돼. 말도 안 돼요!"

할 수 없습니다. 창조에는 항상 파괴가 앞서는 법입니다. 우리는 상황을 극한으로 몰고 가야 합니다. 수학에서 말하는 극한 상황이란, 바로 lim리미트를 말합니다.

$$\therefore \frac{dy}{dx} = \lim_{\Delta x \to 0} \frac{\Delta y}{\Delta x} = \frac{\lim_{\Delta x \to 0}\frac{\Delta v}{\Delta x}f(x) - \lim_{\Delta x \to 0}g(x)\frac{\Delta u}{\Delta x}}{\lim_{\Delta x \to 0}f(x+\Delta x)f(x)}$$

"와, 리미트가 각각에 달라 붙어 있어요. 모두 극한 상태로 가려나 봐요."

그렇습니다. 옹철 군이 잘 보았습니다. 모두 갈 때까지 몰고 가 보는 것입니다. 그렇죠. 바로 지금입니다. 준비한 폭탄을 모두 던져요. 미래의 모습이 탄생할 것입니다.

그럼 폭탄의 모습을 한번 보고 신중히 생각해서 각자 자리에 밀어 넣어 보세요.

$$\lim_{\Delta x \to 0} \frac{\Delta v}{\Delta x} = g'(x), \lim_{\Delta x \to 0} \frac{\Delta u}{\Delta x} = f'(x), \lim_{\Delta x \to 0} f(x + \Delta x) = f(x)$$

$$y' = \frac{g'(x)f(x) - g(x)f'(x)}{\{f(x)\}^2}$$

이것이 바로 몫의 도함수입니다. 쇠뿔도 단 김에 빼라고 했듯이, 지금 당장 몫의 도함수를 구하는 공식을 이용하여 문제를 하나 풀어 보면서 이번 수업을 정리하도록 하겠습니다.

쏙쏙 문제 풀기

$y = \dfrac{x}{x^2 + 1}$를 미분하시오.

라이프니츠의 첫 번째 수업

$g(x)=x, f(x)=x^2+1$로 놓으면 $y=\dfrac{g(x)}{f(x)}$라고 할 수 있습니다. 여기서 $g'(x)=1, f'(x)=2x$이므로 공식을 이용하여 계산하면 다음과 같습니다.

$$y'=\frac{-g'(x)f(x)-g(x)f'(x)}{\{f(x)\}^2}$$
$$=\frac{1\cdot(x^2+1)-x\cdot 2x}{(x^2+1)^2}$$
$$=-\frac{x^2-1}{(x^2+1)^2}$$

휴, 공식에 넣어 계산하는 것도 결코 쉬운 일은 아닙니다. 이번 수업은 첫 시간부터 너무 힘들었기 때문에 이만 여기서 마치도록 하겠습니다. 그럼 다음 시간에 만납시다.

"안 돼요. 선생님. 제가 방금 메일을 하나 받았어요. 이것 좀 보세요."

엥? 그래, 좋아요. 어디 한번 봅시다. 그런데 옹철 군, 어디가 잘못된 것 같나요?

"이렇게 몫의 도함수를 구할 수 있다고 하는데 결과는 같지만 틀린 것 아닌가요?"

이메일 내용

함수 $\dfrac{1}{f(x)}$ (단, $f(x) \neq 0$)에 대하여,

$\left\{\dfrac{1}{f(x)}\right\}' = \lim\limits_{\Delta x \to 0} \dfrac{\dfrac{1}{f(x+\Delta x)} - \dfrac{1}{f(x)}}{\Delta x}$ — 도함수의 정의

$\qquad\qquad = \lim\limits_{\Delta x \to 0} \dfrac{-1}{f(x+\Delta x)f(x)} \cdot \dfrac{f(x+\Delta x) - f(x)}{\Delta x}$

통분과 번분수 과정을 거치고 -1을 앞으로 빼내서 정리

그런데 여기서 함수 $f(x)$는 미분가능한 함수이기 때문에,

$\lim\limits_{\Delta x \to 0} f(x+\Delta x) = f(x)$, $\lim\limits_{\Delta x \to 0} \dfrac{f(x+\Delta x) - f(x)}{\Delta x} = f'(x)$

따라서, $\left\{\dfrac{1}{f(x)}\right\}' = \dfrac{-f'(x)}{\{f(x)\}^2}$

함수 $\dfrac{g(x)}{f(x)}$에 대하여 $\dfrac{g(x)}{f(x)} = g(x) \cdot \dfrac{1}{f(x)}$

$\left\{\dfrac{g(x)}{f(x)}\right\}' = g'(x) \cdot \dfrac{1}{f(x)} + g(x) \left\{\dfrac{1}{f(x)}\right\}'$ — 곱의 미분법 적용

$\qquad\qquad = \dfrac{g'(x)}{f(x)} - \dfrac{g(x)f'(x)}{\{f(x)\}^2}$

$\qquad\qquad = \dfrac{g'(x)f(x) - g(x)f'(x)}{\{f(x)\}^2}$ — 통분

우리는 오로지 정의만을 이용해 정의롭게(?) 몫의 도함수를 구했지만 이 사람은 우리가 조금 전에 알아냈던 미분 공식을 가지고 좀 더 간단해 보이는 방법으로 구했네요. 옹철 군, 앞으로 이 친구랑 친하게 지내세요.

 "아, 선생님 이제 마쳐요. 제 머리가 너무 뜨거워졌어요. 앗! 뜨거워!"

수업 정리

❶ $f'(x) = \lim\limits_{\Delta x \to 0} \dfrac{\Delta y}{\Delta x} = \lim\limits_{\Delta x \to 0} \dfrac{f(x+\Delta x)-f(x)}{\Delta x}$

❷ 몫의 도함수

$\left\{\dfrac{g(x)}{f(x)}\right\}' = g'(x)\cdot\dfrac{1}{f(x)} + g(x)\left\{\dfrac{1}{f(x)}\right\}'$ 곱의 미분법 적용

$= \dfrac{g'(x)}{f(x)} - \dfrac{g(x)f'(x)}{\{f(x)\}^2}$

$= \dfrac{g'(x)f(x) - g(x)f'(x)}{\{f(x)\}^2}$ 통분

2교시

합성합수의 미분법

합성함수의 미분법이 나오는 과정에 대해서 알아봅니다.

수업 목표

1. 합성함수의 미분법을 알아봅니다.
2. 합성함수의 미분법이 나오는 과정을 살펴봅니다.

미리 알면 좋아요

1. **함수** 수학에서 한 변수 독립변수와 다른 변수 종속변수 사이의 관계를 명시하는 표현이나 규칙을 말합니다.

2. **피타고라스학파** 본래 종교 모임이었지만 피타고라스가 창설한 승려회는 플라톤과 아리스토텔레스의 사고에 영향을 준 원리를 형성했고 수학과 서구 합리 철학의 발달에 이바지했습니다.

3. **지수** 어떤 수의 거듭제곱을 나타내기 위해 그 수의 오른쪽 위에 작게 쓴 수를 말합니다. 예를 들어, 2^8에서 8이 지수이고 2는 밑입니다.

라이프니츠의 두 번째 수업

　오늘 수업에서는 합성함수의 미분법에 대해 알아보도록 할 것입니다.

　"아! 잠깐, 잠깐. 합성함수가 뭔지 그것부터 알려 주세요. 합성함수가 뭐예요?"

　합성함수란 말 그대로 두 함수를 합성하여 얻은 함수. 예를 들어 두 함수 $y=f(z)$와 $z=g(x)$에 대하여 $y=f(g(x))$를 이르는 말입니다.

"함수 하나도 어려운데 왜 함수를 합성시키고 그래요. 너무하다, 너무해!"

그럼 옹철이의 투정을 뒤로 하고 교과서에 실려 있는 합성함수의 미분법의 정리를 보도록 하겠습니다.

$y=f(u)$와 $u=g(x)$가 각각 미분가능한 함수이면, 합성함수 $y=f(g(x))$도 미분가능하며,
$\frac{dy}{dx} = \frac{dy}{du} \cdot \frac{du}{dx}$ 또는 $\{f(g(x))\}' = f'(g(x)) \cdot g'(x)$

자, 지금부터 우리는 위의 정리가 나오게 된 과정을 살펴보도록 하겠습니다. 이것은 특명입니다.

"왜, 왜 우리가 그런 것을 해야 하나요?"

잔소리 말고 따라오세요.

$y=f(u)$ 그리고 그 속에 있는 u에 대한 함수를 $u=g(x)$라고 두고 합성함수 $y=f(g(x))$의 미분법을 알아보겠습니다. 옹철 군, 잘 듣고 있나요?

합성함수 $y=f(g(x))$에서 두 함수 $y=f(u)$, $u=g(x)$가 각각 미분가능할 때…….

"아하, 이 녀석들도 미분이 가능해야 할 수 있는 것이군요? 미분이 문제로구나!"

x의 증분 Δx에 대한 u의 증분을 Δu라 하고, Δu에 대한 y의 증분을 Δy라고 하면…….

"음, 합성함수의 미분은 꼬리에 꼬리를 물고 들어가는 것 같아. 꼬리에 꼬리!"

$$\frac{\Delta y}{\Delta x} = \frac{\Delta y}{\Delta u} \cdot \frac{\Delta u}{\Delta x}$$

이 식의 우변을 보면 Δu가 분모에 있다가 다시 분자에도 있지요. 약분하면 좌변과 같습니다. 자칫 부질없어 보이는 이런 행동을 통해 합성함수의 미분법인 연쇄법칙을 나타낼 수 있습니다. 연쇄법칙을 영어로 'chain rule'이라고 부릅니다.

여기서, $u=g(x)$는 미분가능하므로 연속입니다. 그래서 $\Delta x \rightarrow 0$일 때, $\Delta u \rightarrow 0$이 됩니다. 이게 중요한 것이 아닙니다. 앞에서 폭탄, 리미트 폭탄을 기억하고 있습니까? 그걸 던져야 해결됩니다. 이번 폭발은 연쇄 폭발을 가져오게 될 것입니다. 왜냐면 합성함수의 미분법을 연쇄법칙이라고 부르기 때문입니다.

준비된 $\lim_{\Delta x \to 0}$ 을 던질 준비를 하세요. 목표물은 저기입니다.

목표물 : $\dfrac{\Delta y}{\Delta x} = \dfrac{\Delta y}{\Delta u} \cdot \dfrac{\Delta u}{\Delta x}$

$\dfrac{dy}{dx} = \lim_{\Delta x \to 0} \dfrac{\Delta y}{\Delta x} = \lim_{\Delta u \to 0} \dfrac{\Delta y}{\Delta u} \cdot \lim_{\Delta x \to 0} \dfrac{\Delta u}{\Delta x}$

자, 이렇게 연쇄적으로 폭발하는 장면은 너무 똑바로 쳐다보지 마세요. 자칫 실명할 수 있습니다. 보안경을 끼고 $\frac{\Delta y}{\Delta u}$ 앞에 걸린 리미트, 즉 극한 기호의 아래를 보면 $\lim\limits_{\Delta u \to 0}$ 입니다. Δu가 0으로 접근하고 있음을 알 수 있지요. 그다음 장면으로 $\frac{\Delta u}{\Delta x}$ 앞에 걸려 있는 리미트 밑에 나타난 표시는 Δx가 0으로 다가간다는 것을 나타냅니다. 이런 연쇄 반응을 통하여 마침내 다음과 같은 폭발 구름을 형성하게 됩니다.

$$\frac{dy}{dx} = \frac{dy}{du} \cdot \frac{du}{dx}$$

이렇게 합성함수의 미분법은 연쇄 폭발로 만들어지게 됩니다. $\frac{dy}{du} = f'(u) = f'(g(x))$이고 $\frac{du}{dx} = g'(x)$입니다. 여기서부터는 반드시 알아 두어야 합니다. 필요하면 외워도 좋습니다.

$\{f(g(x))\}'$

"잠깐 잠깐, 프라임이 붙어 있으면 미분하라는 뜻이죠?"
옹철 군, 두말하면 잔소리입니다.

$$\{f(g(x))\}' = \frac{dy}{du} \cdot \frac{du}{dx} = f'(g(x))g'(x)$$

이 공식을 살펴보면 $g(x)$를 다시 미분하여 뒤에 붙여 주는 방식, 속칭 속미분을 하였습니다. 이런 합성함수의 미분법은 다음과 같이 식이 성립하도록 지원하고 있습니다.

$$y = f(ax+b) \implies y' = af'(ax+b)$$

$$y=\{f(x)\}^n(단, n은 정수) \Rightarrow y'=n\{f(x)\}^{n-1}f'(x)$$

우선, $y=f(ax+b) \Rightarrow y'=af'(ax+b)$를 증명하도록 하겠습니다. $y=f(u), u=ax+b$라고 하면 $\frac{dy}{du}=f'(u), \frac{du}{dx}=a$입니다.

"아, 알 것 같아요. 위 식에서 y를 u에 관하여 미분하면 $f'(u)$가 되고 u를 x에 관하여 미분하면 a가 나오죠. 아, 신기해. 나도 느끼는 게 있어."

하하, 맞아요. 그게 바로 공부하는 재미이죠.
$$\frac{dy}{dx}=\frac{dy}{du}\cdot\frac{du}{dx}=f'(u)\cdot a=af'(ax+b)$$
이렇게 나오는 것도 하나하나 따져 보면 알 수가 있습니다. $\frac{dy}{du}=f'(u), \frac{du}{dx}=a$를 식에 대입하여 쓴 것에 불과합니다.

이제, $y=\{f(x)\}^n(단, n은 정수) \Rightarrow y'=n\{f(x)\}^{n-1}f'(x)$로 나오는 과정을 증명해 보겠습니다. 일단은 $y=u^n, u=f(x)$라고 두고 시작하겠습니다.

"유? 와츠 매러 위드 유!"

옹철이의 아주 짧은 영어는 무시하고 하던 일을 계속하도록

라이프니츠의 두 번째 수업

합니다. y를 u에 관하여 미분하면 $\dfrac{dy}{du}=nu^{n-1}$이 됩니다. 그다음으로 u를 x에 관하여 미분하면 $\dfrac{du}{dx}=f'(x)$가 됩니다.

따라서 $\dfrac{dy}{dx}=\dfrac{dy}{du}\cdot\dfrac{du}{dx}=nu^{n-1}\cdot f'(x)=n\{f(x)\}^{n-1}f'(x)$

이런 증명은 욕조 공사할 때 공사하는 분들이 타일을 옮겨 붙이듯이 미리 준비한 $\dfrac{dy}{du}=nu^{n-1}$과 $\dfrac{du}{dx}=f'(x)$를 옮겨 붙이면 됩니다.

문제를 하나 풀어 보고 이번 수업을 마치도록 하겠습니다.

쏙쏙 문제 풀기

함수 $y=(2x-3)^{12}$을 미분하시오.

일단 $2x-3=u$로 놓습니다. 그러면 $y=u^{12}$, $\dfrac{dy}{du}=12u^{11}$이 됩니다. 먼저 y를 u에 관해 미분하고, 그런 다음 $u=2x-3$에서 $\dfrac{du}{dx}=2$로 u를 x에 관하여 미분하였습니다. 이제 앞에서 말했던 욕조 공사하는 분을 불러 와서 타일 붙이듯이 붙여 봅시다.

$$\dfrac{dy}{dx}=\dfrac{dy}{du}\cdot\dfrac{du}{dx}=12u^{11}\cdot 2$$

u의 정체를 드러내면 끝입니다. $24(2x-3)^{11}$으로 정체를 드러내면서 약간의 계산도 하였습니다.

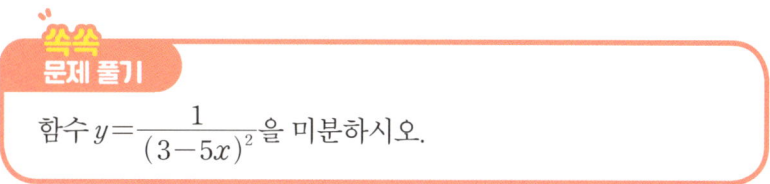

함수 $y = \dfrac{1}{(3-5x)^2}$을 미분하시오.

일단 분모 부분에 들어 있는 $3-5x$를 u로 치환하겠습니다.

그런 다음 다시 식을 씁니다.

$$y = \frac{1}{u^2} = u^{-2}$$

$$\frac{dy}{du} = -2u^{-2-1} = -2u^{-3} = -\frac{2}{u^3}$$

y를 u에 관하여 미분하다 보면 중간 과정에 곡절이 좀 많이 생깁니다. 지수가 음수라서 이런 일이 벌어진 것입니다. 이해가 안 되는 학생은《슈티펠이 들려주는 지수 이야기》를 참조하세요.

$u = 3 - 5x$에서 $\frac{du}{dx} = -5$이므로 다음과 같이 식을 정리할 수 있습니다.

$$\frac{dy}{dx} = \frac{dy}{du} \cdot \frac{du}{dx} = -\frac{2}{u^3} \cdot (-5) = \frac{10}{(3-5x)^3}$$

마지막으로 타일 공사하는 분이 $\frac{dy}{du} = -\frac{2}{u^3}$와 $\frac{du}{dx} = -5$를 붙여 주고 갔네요.

우리도 여기서 수업을 마치도록 하겠습니다. 다음 수업에 또 만납시다.

수업 정리

❶ $y=f(u)$와 $u=g(x)$가 각각 미분가능한 함수이면, 합성함수 $y=f(g(x))$도 미분가능하며 $\dfrac{dy}{dx}=\dfrac{dy}{du}\cdot\dfrac{du}{dx}$, 또는 $\{f(g(x))\}'=f'(g(x))\cdot g'(x)$

❷ $y=f(ax+b)$ ➡ $y'=af'(ax+b)$
또 $y=\{f(x)\}^n$ (단, n은 정수) ➡ $y'=n\{f(x)\}^{n-1}f'(x)$

3교시

매개변수로 나타난 함수의 미분법

매개변수가 무엇인지 알아봅니다.

수업 목표

1. 매개변수를 알아봅니다.
2. 매개변수를 이용한 함수의 미분법을 살펴봅니다.

미리 알면 좋아요

합성함수 두 함수를 합성하여 얻은 함수를 말합니다. 두 함수 $y=f(z)$와 $z=g(x)$에 대하여 $y=f(g(x))$를 이르는 말입니다.

라이프니츠의 세 번째 수업

　자, 이번 수업 시간에는 매개변수로 나타난 함수를 미분하도록 하겠습니다. 매개변수란, 두 개 이상의 변수 사이의 함수 관계를 간접적으로 표시할 때 사용하는 변수입니다. 이런 매개변수로 나타난 함수를 이해하고 그 도함수를 구해 볼 것입니다.

　두 변수 x, y의 함수 관계가 변수 t를 매개로 하여 $x=f(t)$, $y=g(t)$인 꼴로 주어질 때, 변수 t를 매개변수라 하고 함수 $x=f(t), y=g(t)$를 매개변수로 나타난 함수라고 합니다.

이때, $f(t)$, $g(t)$가 모두 미분가능하면, $\dfrac{dy}{dx}$를 다음과 같이 구할 수 있습니다.

$$\dfrac{dy}{dx} = \lim_{\Delta x \to 0} \dfrac{\Delta y}{\Delta x} = \dfrac{\lim\limits_{\Delta x \to 0} \dfrac{\Delta y}{\Delta t}}{\lim\limits_{\Delta x \to 0} \dfrac{\Delta x}{\Delta t}} = \dfrac{\dfrac{dy}{dt}}{\dfrac{dx}{dt}}$$

dt가 분모와 분자 구석구석에 들어가서 잔소리해 대는 모습입니다. 매개변수는 잔소리 변수로 영어로는 parameter라고 합니다. 그 잔소리 장면만 따로 떼 내서 보면 다음과 같습니다.

$$\frac{\Delta y}{\Delta x} = \frac{\frac{\Delta y}{\Delta t}}{\frac{\Delta x}{\Delta t}} \left(단, \frac{\Delta x}{\Delta t} \neq 0\right)$$

Δt가 너무 티 나게 잔소리해 댑니다. Δt가 해 대는 잔소리가 듣기 싫어서 이번에는 dt를 이용하여 매개변수로 나타난 함수의 미분법을 알아보겠습니다. 역시 마찬가지로 두 함수 $f(t)$, $g(t)$가 미분가능하고 $f'(t) \neq 0$일 때, 매개변수로 나타난 함수 $x=f(t), y=g(t)$의 도함수 $\frac{dy}{dx}$를 구해 보겠습니다.

$x=f(t)$에서 역함수의 미분법_{다음 수업에서 역함수의 미분법을 배울 것입니다.}을 이용하면 다음과 같이 나타낼 수 있습니다.

$$\frac{dx}{dt} = \frac{1}{\frac{dt}{dx}}, \text{ 즉 } \frac{dt}{dx} = \frac{1}{\frac{dx}{dt}}$$

조금 이따가 이 식들을 사용하기 위해 우선 저렇게 고쳐 둔 것입니다. $y=g(t)$에서 합성함수의 미분법을 이용하겠습니다. 앞에서는 u를 사용했던 것을 이번에는 t로 표현하겠습니다.

$$\frac{dy}{dx}=\frac{dy}{dt}\cdot\frac{dt}{dx}$$

준비된 식과 바로 위에 있는 식을 결합하면, $\frac{dt}{dx}=\frac{1}{\frac{dx}{dt}}$이고, 이것을 $\frac{dy}{dx}=\frac{dy}{dt}\cdot\frac{dt}{dx}$에 대입하여 정리하면 $\frac{dy}{dx}=\frac{dy}{dt}\cdot\frac{1}{\frac{dx}{dt}}$ $=\frac{\frac{dy}{dt}}{\frac{dx}{dt}}$로 탈바꿈됩니다.

매개변수로 나타난 함수의 미분법을 정리해 보면 다음과 같습니다.

두 함수 $x=f(t), y=g(t)$가 미분가능하고 $f'(t)\neq 0$일 때,

$$\frac{dy}{dx}=\frac{\frac{dy}{dt}}{\frac{dx}{dt}}=\frac{g'(t)}{f'(t)}$$

이 식은 형식적으로 $\frac{dy}{dx}$의 분자, 분모를 dt로 나누어서 얻을 수 있습니다.

자, 이제 말로 정리해 보면 $x=f(t), y=g(t)$를 t에 대한 매개함수라 하고 t를 매개변수라고 합니다. x, y의 관계가 t로 나타난 식은 매개변수로 나타난 함수의 미분법을 이용할 수 있습니다. 예를 들어 함수 $x=t-1, y=t^2-1$과 같이 두 변수 x, y가 다른 변수 t의 함수로 주어질 때, 변수 t를 소거하면 $y=x^2+2x$가 되어 y는 x의 함수임을 알 수 있습니다.

"잠깐, $y=x^2+2x$로 나오는 과정을 자세히, 상세히, 친절하게."

일단 $x=t-1$에서 t에 관하여 정리를 합니다. $t=x+1$이 되지요. 그런 다음 $y=t^2-1$에 대입합니다. $y=(x+1)^2-1$이 됩니다. 정리해 주면 $y=x^2+2x$가 나옵니다.

이와 같이 x, y가 $x=f(t), y=g(t)$의 꼴로 나타날 때, 변수 t를 매개변수라 합니다. 이때, 함수 $x=f(t), y=g(t)$를 매개변수로 나타난 함수라 합니다. 여기서 미분한 결과를 t로 나타내어도 좋고, x 또는 y로 나타내어도 좋습니다.

이왕 나온 위의 식을 이용하여 매개변수 t로 나타난 함수에서 $\dfrac{dy}{dx}$를 구해 보겠습니다. 위에서 본 문제를 다시 끌어 내려 써 보겠습니다.

$$x=t-1, y=t^2-1$$

x, y의 관계가 t로 나타내어진 식은 매개변수로 나타난 함수의 미분법으로 계산합니다. $x=t-1$에서 $\frac{dx}{dt}=1$이 됩니다. 이 식을 말로 풀이하면 x를 t에 관하여 미분했다는 말입니다. 그 결과 1이 나온 것입니다.

그다음 $y=t^2-1$에서 $\frac{dy}{dt}$, y를 t에 관하여 미분을 하면 $2t$가 나옵니다.

"$2t$면 영화 이티를 말하는 것인가요?"

옹철이의 엉뚱한 말을 무시하고, 계속해서 계산하면 다음과 같습니다.

$$\frac{dy}{dx} = \frac{\frac{dy}{dt}}{\frac{dx}{dt}} = \frac{g'(t)}{f'(t)} = \frac{2t}{1} = 2t$$

"봐, 또 $2t$가 나왔어요. 영화에 등장하는 그 이티가 맞나 봐요. 봐요, $2t$."

옹철이가 계속 딴소리를 하기 전에 다음 문제로 넘어갑시다.

문제 풀기

다음 식으로 주어진 함수에서 $\dfrac{dy}{dx}$를 구하시오.

$$x = t + \dfrac{1}{t},\ y = t - \dfrac{1}{t}$$

분명 x, y의 함수 관계가 t를 매개로 하는 꼴이 맞습니다. 그런데 이번 문제는 앞에서 푼 것과는 달리 우리가 싫어하는 수학 랭킹 6위의 분수가 들어 있습니다. 학생들은 답이 분수로 나오면 이게 답이 아닌가 하고 의문을 품을 정도로 분수를 싫어합니다.

옹철 군, 정신을 바짝 차리세요. 일단 x를 미분하도록 합니다. $\dfrac{dx}{dt} = 1 - \dfrac{1}{t^2}$입니다. x를 t에 관하여 미분한 결과입니다. 두 항의 각각을 미분한 것입니다. 이때 옹철이가 반기를 듭니다.

"t를 미분하면 1인 것은 알겠는데. 왜 $\dfrac{1}{t}$이 $-\dfrac{1}{t^2}$로 미분됐나요? 왜? 왜? 왜?"

조금만 기다리세요. 천천히 설명할게요.

$\dfrac{1}{t}$은 t^{-1}입니다. 요 사실은 알아 두어야 문제가 해결됩니다. 그런 다음 $\dfrac{1}{t}$ 대신 t^{-1}을 미분하면 $-1 \cdot t^{-1-1} = -1 \cdot t^{-2}$이 됩니다. 기존처럼 똑같이 하면 됩니다. 여기서 학생들이 싫어하는 수학

랭킹 14위 음수가 나왔지만 두려워 마세요. 그냥 해 오던 대로만 하세요.

$-1 \cdot t^{-2} = -1 \cdot \dfrac{1}{t^2}$로 다시 만들었습니다. 이미 알고 있는 것처럼 t^{-2}은 $\dfrac{1}{t^2}$로 고쳐 줄 수 있습니다. 그다음 $-1 \cdot \dfrac{1}{t^2} = -\dfrac{1}{t^2}$이

된 것입니다. 그래서 $\frac{dx}{dt}=1-\frac{1}{t^2}$로 나온 것입니다. 그 다음으로 y를 t에 관하여 미분을 하면, $\frac{dy}{dt}=1+\frac{1}{t^2}$이 됩니다. 위에서 설명한 것을 응용하면 무리 없이 나올 것입니다.

"안 돼요, 안 돼. 저는 응용력이 없어요. 선생님이 해 주세요. 응용. 선생님이 해 주세요."

참 귀찮은 친구입니다. $-\frac{1}{t}$을 미분하는 것만 해 주겠습니다. 나도 더 이상은 양보할 수 없습니다.

$-\frac{1}{t}=-t^{-1}$입니다. 앞에서 요것만은 외우라고 한 것에 −마이너스만 붙어 있을 뿐이고……

$$-(-1)t^{-1-1}=+1\cdot t^{-2}=+\frac{1}{t^2}$$

"아, 알겠어요. 됐어요."

건방진 친구입니다. 조금 알았다고 그런 반응을 보이다니……. 그럼 이제 문제를 마저 풀어 보도록 하겠습니다.

$$\frac{dy}{dx}=\frac{\frac{dy}{dt}}{\frac{dx}{dt}}=\frac{g'(t)}{f'(t)}=\frac{1+\frac{1}{t^2}}{1-\frac{1}{t^2}}=\frac{t^2+1}{t^2-1}$$

이렇게 공식을 이용하여 풀어 봤습니다.

"저스트, 모먼트. 샘! 잠깐, 잠깐. $\dfrac{1+\dfrac{1}{t^2}}{1-\dfrac{1}{t^2}}=\dfrac{t^2+1}{t^2-1}$ 의 계산을 자세히 말해 주세요. 이해가 안 돼요."

과연 옹철이가 이 부분을 질문할 것 같았습니다. 옹철이는 지금 번분수 계산을 하지 못하는 것 같습니다. 번분수란 분수의 분모나 분자가 분수로 되어 있는 분수를 말합니다.

$$\dfrac{1+\dfrac{1}{t^2}}{1-\dfrac{1}{t^2}}=\dfrac{\dfrac{t^2+1}{t^2}\ \text{분자를}\ t^2\text{으로 통분}}{\dfrac{t^2-1}{t^2}\ \text{분모도}\ t^2\text{으로 통분}}$$

이 단계에서 분자와 분모에 있는 공통된 t^2을 약분합니다.

"아, 이제 이해가 되네요. $\dfrac{t^2+1}{t^2-1}$ 이 나옵니다."

그럼 이번 수업은 여기서 마칩니다. 다음 수업 때 봅시다.

수업 정리

❶ 매개변수란 두 개 이상의 변수 사이의 함수 관계를 간접적으로 표시할 때 사용하는 변수를 말합니다.

❷ 두 변수 x, y의 함수 관계가 변수 t를 매개로 하여 $x=f(t)$, $y=g(t)$인 꼴로 주어질 때, 변수 t를 매개변수라 하고 함수 $x=f(t), y=g(t)$를 매개변수로 나타내어진 함수라고 합니다.

❸ 두 함수 $x=f(t), y=g(t)$가 미분가능하고 $f'(t) \neq 0$일 때,

$$\frac{dy}{dx} = \frac{\frac{dy}{dt}}{\frac{dx}{dt}} = \frac{g'(t)}{f'(t)}$$

4교시

음함수와 역함수의 미분법

음함수와 역함수의 미분법에 대해서 알아봅니다.

수업 목표

1. 음함수에 대한 미분법을 알아봅니다.
2. 역함수에 대한 미분법을 알아봅니다.

미리 알면 좋아요

1. **변수** 수학에서 쓰이는 수식에 따라서 변하는 값을 말합니다.

2. **양변** 등호나 부등호의 양쪽을 아울러 이르는 말입니다.

라이프니츠의 네 번째 수업

"선생님. 음, 음함수가 대체 뭐예요? 음수 함수인가요?"

음함수는 음수인 함수가 아닙니다. 옹철 군, 괜한 오해를 불러일으키지 마세요. 음함수란, 방정식 $xy+x=y$에서 우변에 있는 y를 좌변으로 옮긴 $xy+x-y=0$과 같이 $F(x, y)=0$의 모양으로 나타낸 함수를 말합니다.

음함수는 영어로 implicit function이라고 합니다. 이제 음함수의 모습을 보여 주겠습니다.

$$3x-5y+1=0,\ x^2+y^2-3=0,\ x^3+y^3-5xy=0$$

이 함수들은 모두 음함수입니다. 이와는 달리 $xy+x=y$라는 식을 y에 관하여 풀어 $y=\dfrac{x}{1-x}$ (단, $x\neq 1$)와 같이 $y=f(x)$의 모양으로 풀어 쓴 함수를 양함수라고 합니다. 양함수는 영어로

explicit function이라고 합니다.

우리는 음함수 $F(x, y)=0$을 양함수로 고치지 않고 합성함수의 미분법을 이용하여 $\dfrac{dy}{dx}$를 구할 수 있습니다. 왜 음함수의 미분법을 배우냐면 예를 들어, $x^3+y^3-6xy=3$과 같은 함수는 양함수로 바꿀 수 없기 때문입니다. 이런 경우 그대로 음함수의 미분법을 적용할 수밖에 없습니다.

음함수의 미분법은 $y=f(x)$의 꼴로 고치기 쉽지 않거나 가능하지 않을 때 활용하면 편리합니다. 음함수 $F(x, y)=0$의 각 항을 x의 함수로 보고 x에 대하여 미분함으로써 음함수의 도함수를 구할 수 있습니다. 같은 변수이면 $\dfrac{d}{dx}x^n=nx^{n-1}$, 다른 변수이면 $\dfrac{d}{dx}y^n=ny^{n-1}\dfrac{dy}{dx}$라고 써 주면 됩니다.

예를 하나 들어 봅니다. 음함수 $x^3+y^3-6xy=3$의 양변을 x에 대하여 미분하여 정리하면 $3x^2+3y^2\dfrac{dy}{dx}-6y-6x\dfrac{dy}{dx}=0$이 됩니다. x만 있는 항은 그대로 미분하고 y가 있는 항에 대해서만 $\dfrac{dy}{dx}$를 붙여 주면 됩니다.

"선생님, 그런데 $-6y-6x\dfrac{dy}{dx}$가 이해가 안 돼요. 왜 그런 거지요?"

아하, 곱의 미분법이 또 적용되었기 때문입니다. 원래 함수의

$-6xy$를 곱미분한 결과입니다.

$3x^2 + 3y^2 \dfrac{dy}{dx} - 6y - 6x \dfrac{dy}{dx} = 0$ $\dfrac{dy}{dx}$가 있는 것끼리 묶어 봅니다.

$3x^2 - 6y + (3y^2 - 6x)\dfrac{dy}{dx} = 0$ 음함수의 미분법에서는 $\dfrac{dy}{dx}$를 굳이 x의 식으로 나타낼 필요는 없습니다.

$\dfrac{dy}{dx} = \dfrac{6y - 3x^2}{3y^2 - 6x} = \dfrac{2y - x^2}{y^2 - 2x}$ 모든 항의 공통인 3을 약분하였습니다.

"아, 이제 저도 할 수 있겠어요. 선생님, 저도요. 하하하."

그럼 한 문제 더 풀어 보겠습니다. 음함수 $3x^2 + 4y^2 = 60$에서 $\dfrac{dy}{dx}$를 구해 보도록 하겠습니다. y를 x의 함수로 보고 양변을 x에 대하여 미분합니다.

$\dfrac{d}{dx}(3x^2) + \dfrac{d}{dx}(4y^2) = \dfrac{d}{dx}(60)$

"잠깐 잠깐, 조금 전에는 각 항에 미분하는 기계 $\dfrac{d}{dx}$를 붙이지 않았잖아요?"

이제부터는 좀 더 자세히 가르쳐 주기로 마음먹었기 때문에 $\dfrac{d}{dx}$라고 붙여 준 것입니다. 바로 미분해도 되지만 말입니다. 그래서 $6x+8y\dfrac{dy}{dx}=0$으로 미분되었습니다.

"그럼 $4y^2$은 $8y\dfrac{dy}{dx}$로 미분된 것이군요. 맞죠, 맞죠?"

맞습니다. 그래서 $\dfrac{dy}{dx}$를 구해 보면 다음과 같이 됩니다.

$$\dfrac{dy}{dx}=-\dfrac{3x}{4y} \text{ (단, } y\neq 0)$$

역함수의 미분법을 배우기 전에 $y=x^r$(단, r은 유리수)의 도함수를 좀 더 다루어 보겠습니다. 고등학교 교과 과정에 가서는 지수가 유리수 범위까지 확장됩니다. 그래서 도함수 역시 지수 부분을 유리수로 확장하여 생각하기로 합니다.

예를 들어 $y=-\dfrac{1}{x^4}$이라는 함수를 미분하라고 하면 기존의 미분법만 알고 있는 학생들은 당황하게 됩니다.

"하하, 선생님. 하지만 저는 전혀 당황하지 않아요. 뭘 알아야 당황하죠. 하하."

그럼 $y=-\dfrac{1}{x^4}$을 미분하겠습니다. 이 식은 $-\dfrac{1}{x^4}=-x^{-4}$으로 고쳐집니다. 앞에서 이런 방법을 잠시 다루었습니다.

$$y'=-(-4)x^{-4-1}=4x^{-5}=\dfrac{4}{x^5}$$

이 과정을 잘 기억해 두세요. 사람의 성장 과정처럼 계산 과정이 변해 가는 모습을 보면 꽤나 아름답다는 생각이 들 것입니다. 이제, 무리함수의 미분법을 살펴보겠습니다.

"무리야. 너무 힘들어. 무리함수!"

$$y = \sqrt{x} \Rightarrow y' = \frac{1}{2\sqrt{x}}$$

"이 식을 어떻게 외우나요?"

외우기에 앞서서 과정을 알아봅니다. 일단 $\sqrt{}$ 를 지수 꼴로 고쳐서 생각합니다.

$$\sqrt{x} = \sqrt[2]{x}$$

원래 $\sqrt{}$ 앞에 2가 생략된 것입니다. 《슈티펠이 들려주는 지수 이야기》를 참고하세요. 그래서 $\sqrt[2]{x} = x^{\frac{1}{2}}$로 고칠 수 있습니다. 다음은 지수가 확장된 지수함수 꼴의 미분법과 동일합니다. 계산 과정을 봅시다.

$$x^{\frac{1}{2}} = \frac{1}{2}x^{\frac{1}{2}-1} = \frac{1}{2}x^{-\frac{1}{2}} = \frac{1}{2} \cdot \frac{1}{x^{\frac{1}{2}}} = \frac{1}{2} \cdot \frac{1}{\sqrt{x}} = \frac{1}{2\sqrt{x}}$$

무작정 외워서 사용하기보다는 어떻게 그런 식이 나오는지 알아 두도록 하세요. 그다음 것도 같은 방법으로 나온 것입니다.

$$y = \sqrt{f(x)} \implies y' = \frac{f'(x)}{2\sqrt{f(x)}}$$

분자는 분모의 $\sqrt{}$ 안의 함숫값을 미분하여 나타낸 것입니다. 그럼 $y = \sqrt{3x^2 + 5}$의 도함수를 구해 볼까요?

$$y' = \frac{6x}{2\sqrt{3x^2+5}} = \frac{3x}{\sqrt{3x^2+5}}$$

공식에 넣어 바로 삶아서 계산하면 됩니다. 하지만 음식에 들어가는 소금처럼 절대 빠뜨려서는 안 되는 것이 있습니다. 바로, '약분'입니다.

"어디서 역한 냄새가 진동하는데?"

역시 옹철이의 코는 개코입니다. 이제부터 역함수의 미분법을 공부할 것입니다.

함수 $f(x)$의 역함수 $f^{-1}(x)$가 존재할 때, $y=f^{-1}(x)$의 도함수를 알아보도록 하겠습니다.

$$y=f^{-1}(x) \text{이면 } x=f(y)$$

$x=f(y)$의 양변을 x에 대하여 미분하면 다음과 같습니다.

$$1=f'(y) \cdot \frac{dy}{dx}$$

보조 출연
$$\frac{d}{dx}f(y)=f'(y)\frac{dy}{dx}$$

따라서, $f'(y) \neq 0$이면 $\dfrac{dy}{dx}=\dfrac{1}{f'(y)}=\dfrac{1}{\frac{dx}{dy}}$ 입니다.

보조 출연 한 번 더
$x=f(y)$이므로 $f'(y)=\dfrac{dx}{dy}$

보조 출연 덕분으로 우리는 다음과 같은 역함수의 미분법을 알아낼 수 있습니다.

역함수의 미분법

$$\frac{dy}{dx} = \frac{1}{\frac{dx}{dy}} \left(단, \frac{dx}{dy} \neq 0\right)$$

이 공식에서 우리는 $\frac{dy}{dx}$와 $\frac{dx}{dy}$가 서로 역수 관계에 있음을 알 수 있습니다.

"당근이지, 당근."

당근은 베타카로틴이 풍부하여 건강에 좋습니다. 그래서 우리는 우리 머리를 건강하게 하는 문제를 하나만 더 풀어 보고 이번 수업을 정리하겠습니다.

문제 풀기

$x = y^3$에서 $\frac{dy}{dx}$를 구하시오.

풀이는 다음과 같습니다.

$x = y^3$에서 $\dfrac{dx}{dy} = 3y^2$이므로 $\dfrac{dy}{dx} = \dfrac{1}{\dfrac{dx}{dy}} = \dfrac{1}{3y^2}$이 됩니다.

우리는 여기서 역함수의 미분법을 이용했습니다. 이번에는 y를 x에 대한 식으로 바꾸어서 생각해 봅시다.

$y = x^{\frac{1}{3}}$이므로 $\dfrac{dy}{dx} = \dfrac{1}{3\sqrt[3]{x^2}}$로 결판이 납니다.

자, 그럼 다음 시간에 다시 만나요.

수업 정리

❶ 음함수란 방정식 $xy+x=y$에서 우변에 있는 y를 좌변으로 옮겨 $xy+x-y=0$과 같이 $F(x,y)=0$의 모양으로 나타낸 함수를 말합니다. 음함수는 영어로 implicit function입니다.

❷ 양함수란 방정식 $xy+x=y$를 y에 관하여 풀어 $y=\dfrac{x}{1-x}$ (단, $x\neq 1$)와 같이 $y=f(x)$의 모양으로 주어진 함수를 말합니다. 양함수는 영어로 explicit function입니다.

❸ $y=\sqrt{x}$ ➡ $y'=\dfrac{1}{2\sqrt{x}}$

❹ 함수 $f(x)$의 역함수 $f^{-1}(x)$가 존재할 때, $y=f^{-1}(x)$이면 $x=f(y)$

삼각함수의 미분법

5교시

삼각함수의 미분법에 대해서 알아봅니다.

수업 목표

1. 삼각함수에 대하여 알아봅니다.
2. 삼각함수의 미분법을 알아봅니다.

미리 알면 좋아요

삼각비 직각삼각형의 세 변 가운데 어느 두 변을 취하여 만든 비의 값을 말합니다. 사인, 코사인, 탄젠트, 시컨트, 코시컨트, 코탄젠트가 있습니다.

라이프니츠의
다섯 번째 수업

이번 시간에는 삼각함수의 도함수를 알아보겠습니다. 그런데 여러분! 도함수라고 해서 막연히 어렵게만 생각하지 마세요. 이것 또한 미분이라고 보면 됩니다.

"그건 그렇다 치고, 선생님. 저는 삼각함수라는 말이 더 무서워요."

네, 그래요. 중학교 교과 과정에서 삼각비가 등장하면서 학생들은 수학에 대해 완선한 두려움을 가지게 되었습니다. 그런 삼각비가 더욱 진화하여 삼각함수가 됩니다. 삼각함수는 그래프와 손을 잡고 삼각함수의 그래프를 좌표평면 위에 그리면서 모든 이를 수학의 공포로 몰아넣었습니다.

학생들은 어지러움을 느끼기 시작하고 심지어는 구토까지 하게 되었습니다. 나는 그런 학생들이 안타까워 진맥해 보았습니다. 당시 나는 한국의 한의학에 푹 빠져 있었습니다. 내가 삼각함수의 질병에 걸린 학생들을 치료하기 위해 그들의 맥을 잡았을 때, 한 학생은 삼각함수 중에서 sin이라는 병에 걸려 있었습니다. 병을 정확하게 알아야 올바른 처방을 할 수 있습니다. 학생들이 걸린 삼각함수의 그래프라는 병은 모두 세 종류가 있습니다. 조금 전에 얘기했던 sin사인과 cos코사인, tan탄젠트가 그것입니다.

각각의 삼각함수의 그래프는 모양이 다릅니다. 그들 그래프는 각기 다른 맥을 가지고 있습니다. 우선, 그들의 맥을 살펴보고 이번 수업을 진행하도록 하겠습니다.

첫 번째는 sin 그래프의 맥입니다.

사인 곡선은 이와 같은 맥을 가지고 있습니다. 이런 삼각함수의 그래프 질병에 걸린 학생이 50% 정도입니다.

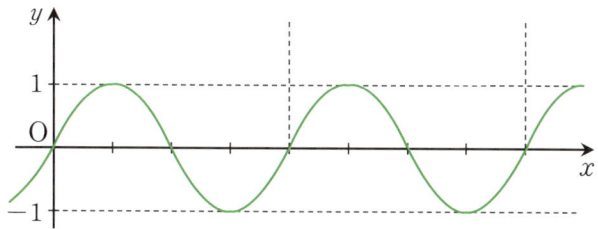

그다음으로 많이 잡히는 맥으로 cos 그래프입니다.

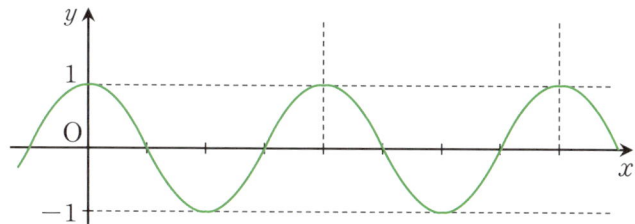

cos 그래프와 sin 그래프의 차이점으로는 sin 그래프가 원점에서 시작되는 반면 cos 그래프는 y축 1에서 시작된다는 것입니다. 하지만 이 두 그래프는 맥의 모양이 서로 같아서 웬만한 의사가 아니고는 감별하기가 쉽지 않습니다. 나도 학생들을 구하겠다는 일념으로 하루에도 수천 명씩 맥을 잡아 보고 비로소 구별할 수 있게 되었습니다. 여러분도 두 그림을 유심히 살펴서 정확히 구별할 수 있도록 하세요.

마지막으로 간혹 잡히는 맥으로 tan 맥이 있습니다.

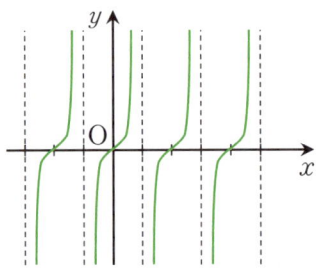

탄젠트 맥은 구별하기가 쉽습니다. 하지만 이 맥도 놓쳐서는 안 되는 맥입니다.

자, 이제 우리는 어느 정도 맥을 잡을 수가 있게 되었으니 삼각함수에 대한 관심도를 높여서 삼각함수의 도함수에 도전해 봅시다. 삼각함수의 여러 가지 성질과 극한을 이용하여 삼각함수의 도함수를 구해 보도록 하겠습니다. 우리는 여기서 삼각함수의 여러 성질과 극한 $\lim_{x \to 0} \frac{\sin x}{x} = 1$을 이용할 것입니다. 이것을 알지 못하면 우리는 다시 삼각함수의 질병에 걸릴지도 모릅니다. 그러니 반드시 알고 갑시다.

먼저, $y = \sin x$의 도함수를 구해 보겠습니다. 일단 정의를 이용하여 식을 적어 봅니다.

$$\frac{d}{dx}\sin x = \lim_{\Delta x \to 0} \frac{\sin(x+\Delta x) - \sin x}{\Delta x}$$

다음 문장은 《푸리에가 들려주는 삼각함수 이야기》를 참조해야 이해가 될 것입니다. 삼각함수의 덧셈정리를 이용하여 나온 결과입니다.

$$= \lim_{\Delta x \to 0} \frac{\sin x \cos \Delta x + \cos x \sin \Delta x - \sin x}{\Delta x}$$

$\sin(x+\Delta x) = \sin x \cos \Delta x + \cos x \sin \Delta x$

$$= \lim_{\Delta x \to 0} \left(\sin x \cdot \frac{\cos \Delta x - 1}{\Delta x} \right) + \lim_{\Delta x \to 0} \left(\cos x \cdot \frac{\sin \Delta x}{\Delta x} \right)$$

이 식에서 분자의 양 끝항을 모아 앞부분에서 정리하고 분자의 가운데 항을 정리하여 뒤쪽 부분으로 떼 내었습니다. 이렇게 만드는 데 사용한 기술은 바로 인수분해입니다.

이제 lim의 성질을 이용하여 괄호 안에 파고들어 갈 것입니다.

$$= \lim_{\Delta x \to 0} \sin x \cdot \lim_{\Delta x \to 0} \frac{\cos \Delta x - 1}{\Delta x} + \lim_{\Delta x \to 0} \cos x \cdot \lim_{\Delta x \to 0} \frac{\sin \Delta x}{\Delta x}$$

용칠이는 쥐 죽은 듯 조용합니다. 이제 우리는 다음과 같은 성질을 이용할 것입니다.

$$\lim_{x \to 0} \frac{\cos x - 1}{x} = 0, \lim_{x \to 0} \frac{\sin x}{x} = 1$$

x 자리에 무엇이 들어가더라도 결과는 똑같습니다. 위에서는 x 자리에 Δx가 대신 들어갔을 뿐입니다.

$$= \sin x \cdot 0 + \cos x \cdot 1 = \cos x$$

그리하여 $y = \sin x$의 도함수는 $\cos x$가 된 것입니다. 다음으로 $y = \cos x$의 도함수를 구해 보겠습니다.

$$\frac{d}{dx} \cos x = \frac{d}{dx} \sin\left(x + \frac{\pi}{2}\right)$$

"잠깐, 갑작스러운 사인의 등장도 당황스럽지만 사인 괄호 안에 있는 $x + \frac{\pi}{2}$는 뭐예요?"

음, 그건 삼각함수의 각의 변환에서 말하는 여각 공식이라는 것입니다.

> **Tip** $\frac{\pi}{2} \pm \theta$의 삼각함수 여각공식
>
> - $\sin\left(\frac{\pi}{2}+\theta\right)=\cos\theta$ $\sin\left(\frac{\pi}{2}-\theta\right)=\cos\theta$
> - $\cos\left(\frac{\pi}{2}+\theta\right)=-\sin\theta$ $\cos\left(\frac{\pi}{2}-\theta\right)=\sin\theta$
> - $\tan\left(\frac{\pi}{2}+\theta\right)=-\cot\theta$ $\tan\left(\frac{\pi}{2}-\theta\right)=\cot\theta$

여기서는 $\sin\left(\frac{\pi}{2}+\theta\right)=\cos\theta$가 쓰였습니다. θ세타 대신 x를 썼을 뿐입니다.

$\frac{d}{dx}\cos x = \frac{d}{dx}\sin\left(x+\frac{\pi}{2}\right)$가 이해된 상태에서 합성함수의 미분법을 이용하여 다음과 같이 나타낼 수 있습니다.

$$=\cos\left(x+\frac{\pi}{2}\right)\cdot\left(x+\frac{\pi}{2}\right)'=\cos\left(x+\frac{\pi}{2}\right)=-\sin x$$

여기서는 $\cos\left(\frac{\pi}{2}+\theta\right)=-\sin\theta$가 사용되었습니다. 그래서 위와 같은 결과를 가져온 것입니다. 마음 같아서는 더 자세히 설명해 주고 싶지만 《푸리에가 들려주는 삼각함수 이야기》를 살펴보면 더 자세히 알 수 있을 것입니다. 우리는 미분을 위해 삼각함수에 대한 설명은 잠시 미뤄 두겠습니다.

다음은 $y=\tan x$의 도함수를 알아보겠습니다.

$$\frac{d}{dx}\tan x = \frac{d}{dx}\frac{\sin x}{\cos x} \quad \tan x=\frac{\sin x}{\cos x}$$

$$=\frac{(\sin x)'\cos x - \sin x(\cos x)'}{\cos^2 x} \quad \text{몫의 미분법을 이용한 결과입니다.}$$

$$=\frac{\cos^2 x + \sin^2 x}{\cos^2 x}$$

여기서 잠깐 이용되는 삼각비의 성질 $\sin^2\theta+\cos^2\theta=1$

$$=\frac{1}{\cos^2 x}=\sec^2 x \quad \sec x=\frac{1}{\cos x}$$

이상으로부터, 다음과 같은 공식을 얻을 수 있습니다. 일단 정리해 봅시다.

(1) $y = \sin x$이면 $y' = \cos x$
(2) $y = \cos x$이면 $y' = -\sin x$
(3) $y = \tan x$이면 $y' = \sec^2 x$

하지만 여기서 끝이 아닙니다. 아직 정리할 것이 세 가지나 더 있습니다. 긴장을 풀지 마세요. 갑니다.

$y = \cot x$의 도함수입니다. 참고로 cot_{코탄젠트}는 탄젠트의 역수입니다.

따라서 $y = \dfrac{1}{\tan x} = \dfrac{\cos x}{\sin x}$ 이므로

$y' = \dfrac{(\cos x)' \sin x - \cos x (\sin x)'}{\sin^2 x}$

참고로 y'은 y를 미분하는 것입니다. 그리고 이렇게 나온 것은 몫의 도함수를 이용한 것입니다.

$= \dfrac{-\sin^2 x - \cos^2 x}{\sin^2 x}$ 분자의 삼각함수를 미분하여 정리한 결과입니다.

$= \dfrac{-1}{\sin^2 x}$ 역시 $\sin^2\theta + \cos^2\theta = 1$을 이용하여 정리한 것입니다.

$= -\cosec^2 x$ cosec는 코시컨트라고 읽고 sin의 역수입니다.

$y=\sec x$의 도함수를 구해 봅니다. sec시컨트는 cos의 역수입니다.

$y=\sec x=\dfrac{1}{\cos x}$이므로

$y'=\left(\dfrac{1}{\cos x}\right)'=\dfrac{-(\cos x)'}{\cos^2 x}=\dfrac{\sin x}{\cos^2 x}=\dfrac{1}{\cos x}\cdot\dfrac{\sin x}{\cos x}$

$=\sec x \tan x$

이런 과정을 유심히 살피면서 이해의 순간을 터득해야 합니

다. 더 이상 설명은 없습니다. 득도의 순간을 즐기세요.

$y=\operatorname{cosec} x$의 도함수를 알아보겠습니다. cosec코시컨트의 역수는 sin입니다.

$y=\operatorname{cosec} x=\dfrac{1}{\sin x}$이므로

$y'=\left(\dfrac{1}{\sin x}\right)'=\dfrac{-(\sin x)'}{\sin^2 x}=-\dfrac{\cos x}{\sin^2 x}=-\dfrac{1}{\sin x}\cdot\dfrac{\cos x}{\sin x}$

$=-\operatorname{cosec} x \cot x$

역시 이 계산에 투입된 미분의 병사는 몫의 미분법입니다.

그리하여 다음과 같은 공식을 얻게 됩니다.

(1) $y=\sec x$이면 $y'=\sec x\tan x$
(2) $y=\operatorname{cosec} x$이면 $y'=-\operatorname{cosec} x\cot x$
(3) $y=\cot x$이면 $y'=-\operatorname{cosec}^2 x$

수업정리

❶ 삼각함수의 여러 성질과 극한 $\lim_{x \to 0} \dfrac{\sin x}{x} = 1$을 이용하여 삼각함수의 미분법을 알아봅니다.

❷ $y = \sin x$이면 $y' = \cos x$
$y = \cos x$이면 $y' = -\sin x$
$y = \tan x$이면 $y' = \sec^2 x$

❸ $y = \sec x$이면 $y' = \sec x \tan x$
$y = \operatorname{cosec} x$이면 $y' = -\operatorname{cosec} x \cot x$
$y = \cot x$이면 $y' = -\operatorname{cosec}^2 x$

6교시

로그함수와 지수함수의 미분법

로그함수와 지수함수의 미분법을 알아봅니다.

수업 목표

1. 로그함수의 미분법을 알아봅니다.
2. 지수함수의 미분법을 알아봅니다.

미리 알면 좋아요

1. **극한** 접근 개념을 바탕으로 한 수학적인 개념입니다.

2. **로그** 1이 아닌 양의 어떤 수를 거듭제곱하여 다른 주어진 수와 같아지는 거듭제곱수를 말합니다.

3. **절댓값** 실수에서, 양 또는 음의 부호를 떼어 버린 수를 말합니다. a의 절댓값은 $|a|$로 나타냅니다.

4. **자연로그** 초월수 e를 밑으로 하는 로그를 말합니다.

라이프니츠의 여섯 번째 수업

로그함수와 지수함수 역시 도함수를 이용하여 미분한 결과를 알아볼 수 있습니다. 우리 〈NEW 수학자〉 시리즈 중에 《뉴턴이 들려주는 지수함수와 로그함수 이야기》라는 책이 있습니다. 이번 수업을 듣기 전에 우선 그 책을 한번 읽어 보기 바랍니다.

우선, 극한을 이용하여 로그함수의 도함수를 알아볼 것입니다.

$$\lim_{h \to 0} (1+h)^{\frac{1}{h}} = e$$

식이 상당히 무섭게 생겼습니다. 하지만 다섯 번 정도 써 보면서 친하게 지내세요. 곧 이 친구가 활약하게 될 것입니다.

"이제 나와라. 나랑 겨뤄 보자, 로그함수야."

> **Tip 로그함수**
>
> $y = \ln x$

"엥? 로그면 log가 아닌가요? ln은 뭔가요? 선생님, 잘못 적은 것인가요?"

아, 잘못 쓴 것이 아닙니다. $\ln x$는 밑이 e인 자연로그입니다. 읽을 때는 그대로 엘앤엑스라고 읽으면 됩니다.

로그함수 $y=\ln x$의 도함수를 구하도록 합니다.

로그함수 $y=\ln x$에서 x의 증분 Δx에 대한 y의 증분을 Δy라고 하면 다음과 같습니다.

$$\Delta y = \ln(x+\Delta x) - \ln x = \ln\frac{x+\Delta x}{x} = \ln\left(1+\frac{\Delta x}{x}\right)$$

ln의 진수에서 분모 x를 통분되기 전으로 만들었습니다.

우선, $h=\dfrac{\Delta x}{x}$로 놓습니다. 그래서 $\Delta x = xh$가 됩니다. $\Delta x \to 0$일 때, $h \to 0$이 됩니다.

$$\frac{dy}{dx} = \lim_{\Delta x \to 0}\frac{\Delta y}{\Delta x} = \lim_{\Delta x \to 0}\frac{1}{\Delta x}\ln\left(1+\frac{\Delta x}{x}\right)$$

위에서 잘 찾아보면 $\Delta y = \ln\left(1+\dfrac{\Delta x}{x}\right)$가 있습니다.

$$= \lim_{h \to 0}\frac{1}{xh}\ln(1+h)$$

이 부분에서 $\Delta x \to 0$일 때, $h \to 0$로 고치는 작업을 하였습니다. $\Delta x = xh$를 잘 활용한 결과입니다.

$$= \frac{1}{x}\lim_{h \to 0}\frac{1}{h}\ln(1+h)$$

$\dfrac{1}{x}$은 h와는 친하지 않으므로 앞으로 빼냈습니다.

$$= \frac{1}{x}\lim_{h \to 0}\ln(1+h)^{\frac{1}{h}}$$

여기서 극한 $\lim\limits_{h \to 0}(1+h)^{\frac{1}{h}}=e$를 이용할 것입니다. 그런데 여기서도 조금의 기술

이 필요합니다. e를 만드는 데 불필요한 ln을 앞으로 빼낼 수 있습니다.

$$= \frac{1}{x}\ln e = \frac{1}{x}$$

"선생님, 질문이 있어요. $\ln e$가 갑자기 사라졌어요. 갑자기 말이에요."

아하, 그건 $\ln e$의 값이 1이라서 $\frac{1}{x}$만 계산되어 남은 것입니다. 그래서 $y=\ln x$의 미분값은 $(\ln x)'=\frac{1}{x}$이 되는 것입니다.

다음으로 $\log_a x$의 도함수를 구해 보겠습니다.

$$(\log_a x)' = \left(\frac{\ln x}{\ln a}\right)'$$

로그의 미분은 언제나 ln인 자연로그 상태로 고쳐서 미분해야 합니다.

$$= \frac{(\ln x)'}{\ln a} = \frac{1}{x\ln a}$$

$\frac{1}{\ln a}$은 상수이므로 그냥 앞으로 빠져나옵니다.

휴우, 이상으로 $(\log_a x)' = \frac{1}{x\ln a}$ (단, $a>0, a \neq 1$)이라는 결과를 얻게 되었습니다. 결코 공짜로 얻은 것은 아닙니다. 고생했습니다. 아 참, 요런 것도 있으니 반드시 알아 두세요.

$$y=\ln|f(x)| \quad \Rightarrow \quad y'=\frac{f'(x)}{f(x)}$$

자, 여러분 이제 문제 한두 개를 풀어 보도록 합시다.

문제 풀기

함수 $y=\ln(1+x^2)$를 미분하시오.

풀이

$$y'=\frac{(1+x^2)'}{1+x^2}=\frac{2x}{1+x^2}$$

생각보다 간단히 끝났습니다. 미분은 기호가 많아서 좀 헷갈리지요? 다음 문제입니다.

문제 풀기

$y=\log_{10}(1-2x)^3$을 미분하시오.

풀이

$$y'=\frac{\{(1-2x)^3\}'}{(1-2x)^3\ln10}=\frac{3(1-2x)^2(1-2x)'}{(1-2x)^3\ln10}$$
$$=\frac{3(1-2x)^2(-2)}{(1-2x)^3\ln10}=\frac{-6}{(1-2x)\ln10}$$

미분은 어렵습니다. 이 풀이 과정을 보더라도 분자에는 속미분법이 들어가 있고 log는 ln으로 고쳐지기도 합니다. 이런 과정은 거의 기계적으로 해 나가야 합니다. 마치 로봇처럼 계산 과정이 입력되어 자동으로 해내야 하는 것입니다. 구구단을 술술 암기하듯이 말이지요. 그럼 이 패턴을 익히기 위해 문제를 하나 더 풀어 봅니다.

쏙쏙 문제 풀기

$y=\log_2(5x-3)$을 미분하시오.

일단 눈싸움부터 하겠습니다. log는 ln으로 바꾸는 작업을 해야 합니다. $5x-3$이 함수 꼴이므로 분모는 그대로 두고 분자로 올려서 미분해 버리는 패턴입니다.

$$y'=\frac{(5x-3)'}{(5x-3)\ln 2}=\frac{5}{(5x-3)\ln 2}$$

이제 감이 좀 잡히나요? 아직 투덜대는 옹철이를 위해 몇 가지 패턴을 정리하여 보겠습니다.

> **Tip** 로그함수의 도함수
>
> $y = \ln x \Rightarrow y' = \dfrac{1}{x}$
>
> $y = \log_a x \Rightarrow y' = \dfrac{1}{x \ln a}$ 로그는 여지없이 ln으로 고칩니다.
>
> $y = \ln |f(x)| \Rightarrow y' = \dfrac{f'(x)}{f(x)}$ 아하, ln일 때는 미분하면 ln이 사라지네요.
>
> $y = \log_a |f(x)| \Rightarrow y' = \dfrac{f'(x)}{f(x) \ln a}$ 로그는 ln의 등장을 예고합니다.

이 정도 패턴이면 웬만한 로그함수의 미분을 다 잡을 수 있습니다.

이제 정말 어렵게 보이는 미분을 공부할 것입니다. 로그미분법이라는 녀석입니다. 식의 양변에 로그를 취하여 미분하는 방법입니다. 양변에 로그를 취하고, 그것을 미분하여 y'을 구하는 방법을 로그미분법이라고 합니다.

"아, 뭐지? 갑자기 로그미분법에 대한 안 좋은 추억이 떠올라. 앗! 바로 저 녀석이다!"

함수 $y = \dfrac{(x+1)^2 (x-1)}{(x-2)^3}$의 도함수를 구해 봅시다.

"아니, 어떻게 뻔뻔스럽게 또 나타날 수가 있지? 나를 그렇게 만신창이로 만들어 놓고 말이지."

자, 옹철 군. 이제는 나를 믿고 다시 한번 도전해 보세요.

우선, 양변의 절댓값에 자연로그를 취합니다.

$$\ln|y| = \ln\left|\frac{(x+1)^2(x-1)}{(x-2)^3}\right|$$

세제곱은 ln 앞에 3이 나가고 제곱은 ln 앞에 2가 나갑니다.

$$=2\ln|x+1|+\ln|x-1|-3\ln|x-2|$$

분자 부분은 +, 분모 부분은 -가 생성됩니다.

양변을 x에 대하여 미분하면 다음과 같이 됩니다.
$$\frac{y'}{y}=\frac{2}{x+1}+\frac{1}{x-1}-\frac{3}{x-2}=\frac{-7x+5}{(x+1)(x-1)(x-2)}$$

통분하여 정리한 것입니다.

$$\therefore y'=\frac{-7x+5}{(x+1)(x-1)(x-2)} \cdot \frac{(x+1)^2(x-1)}{(x-2)^3}$$

원래 좌변에 있던 y를 옮겨 주었기 때문에 우변에 $\frac{(x+1)^2(x-1)}{(x-2)^3}$이 갑자기 생긴 것입니다.

$$=\frac{(-7x+5)(x+1)}{(x-2)^4}$$

이제, 로그미분법을 이용하여 a가 임의의 실수일 때, x^a의 도함수를 구해 보도록 합시다. $|y|=|x^a|$의 양변에 자연로그를 취하면 $\ln|y|=a\ln|x|$가 됩니다. 그리고 양변을 x에 대하여 미분하면 $\frac{y'}{y}=a\frac{1}{x}$ (← $(\ln|x|)'=\frac{1}{x}$) 이 됩니다. 그러므로 $y'=\frac{a}{x} \cdot y=\frac{a}{x}x^a=ax^{a-1}$ 이라는 식이 나옵니다. 그리고 이로부터, 다음과 같은 공식을 얻을 수 있습니다. 완전 공짜입니다.

> **Tip** x^a의 도함수
>
> a가 실수일 때 $(x^a)' = ax^{a-1}$

"선생님, 그럼 로그미분법은 끝난 것인가요? 정말?"

그렇습니다. 로그미분법은 끝났습니다. 이제는 지수함수의 도함수를 알아보겠습니다. 하지만 지수함수의 도함수를 위해서 로그미분법은 불사조처럼 다시 살아납니다. 로그미분법에 의하여 지수함수의 도함수를 구할 수 있습니다. 함수 $y=a^x$(단, $a>0, a \neq 1$)의 양변에 자연로그를 취하면 다음과 같습니다.

$$\ln y = \ln a^x = x \ln a$$

양변을 x에 대하여 미분합니다.

$$\frac{y'}{y} = \ln a$$
$$\therefore y' = a^x \ln a$$

특히, $a=e$이면 $\ln e=1$이므로 $y'=(e^x)'=e^x\ln e=e^x$임을 알 수 있습니다. 이로부터 다음과 같은 공식을 얻어 낼 수 있습니다.

> **Tip** 지수함수의 도함수
> (1) $y=a^x$이면 $y'=a^x\ln a$(단, $a>0$, $a\neq 1$)
> (2) $y=e^x$이면 $y'=e^x$

"와, e^x는 그대로 e^x가 되네요."

지수함수의 도함수에 관한 것 하나만 다루고 이번 수업도 마치도록 하겠습니다.

$$\frac{d}{dx}(2^x\ln x)=(2^x)'\ln x+2^x(\ln x)'$$

일단은 곱의 미분법으로 살짝 준비 운동을 합니다.

$$=2^x(\ln 2)\ln x+\frac{2^x}{x}=2^x\left(\ln 2\cdot\ln x+\frac{1}{x}\right)$$

2^x을 앞으로 끄집어내며 일을 마무리합니다.

수업 정리

❶ $y=\ln x \Rightarrow y'=\dfrac{1}{x}$

$y=\log_a x \Rightarrow y'=\dfrac{1}{x\ln a}$

$y=\ln|f(x)| \Rightarrow y'=\dfrac{f'(x)}{f(x)}$

$y=\log_a|f(x)| \Rightarrow y'=\dfrac{f'(x)}{f(x)\ln a}$

❷ $y=a^x$ 이면 $y'=a^x\ln a$ (단, $a>0, a\neq 1$)

❸ $y=e^x$ 이면 $y'=e^x$

7교시

이계도함수

이계도함수란 무엇인지 알아봅니다.

수업 목표

이계도함수에 대하여 알아보고 미분을 합니다.

미리 알면 좋아요

인수분해 한 다항식을 두 개 이상의 인수의 곱의 꼴로 나타내는 것을 말합니다.

라이프니츠의
일곱 번째 수업

　이번 수업에서는 이계도함수의 뜻을 알아보고, 이를 구하는 방법에 대해서 알아보도록 하겠습니다.

　우리는 앞에서 어떤 함수가 있을 때 그 함수의 도함수를 구하는 법에 대해서 배웠습니다. 이계도함수란 함수를 두 번 미분하여 얻은 도함수를 말합니다. 어느 도함수가 미분가능한가를 따지고 만약 미분가능하다면 그 도함수의 도함수가 바로 이계도함수가 됩니다.

이계도함수란?

함수 $y=f(x)$의 도함수 $f'(x)$가 미분가능할 때, $f'(x)$의 도함수를 $y=f(x)$의 이계도함수라 하고, 기호로는 다음과 같이 나타낸다.

$$f''(x),\ y'',\ \frac{d^2}{dx^2}f(x),\ \frac{d^2y}{dx^2}$$

$f'(x)$의 도함수, 즉 $f(x)$의 이계도함수 $f''(x)$는 다음과 같습니다.

$$f''(x) = \lim_{\Delta x \to 0} \frac{f'(x+\Delta x) - f'(x)}{\Delta x}$$

이계도함수는 영어로 second order derivative라고 합니다. 여기서 f''을 '에프 더블 프라임f-double-prime' 또는 'f-second'라고 읽습니다. 이계도함수에 대하여 처음의 도함수 $f'(x)$를 일계도함수라고도 합니다.

"이계도함수라는 말이 너무 어려워 의미를 모르겠어요."

그렇지요. 말이 너무 어려운 것 같습니다. 그래서 나는 이 이계도함수를 살짝살짝 두 번 구운 토스트라고 부릅니다.

"맞아요. 살짝살짝 두 번 구운 토스트는 너무 바삭하며 맛있습니다."

한 번 구운 함수를 일계도함수라고 한다면 두 번 구운 함수는 이계도함수입니다. 토스트를 두 번 구우면 기름기가 쫙 빠집니다. 기름기 빠진 상태의 토스트는 이계도함수의 모습을 질 나타냅니다.

"네? 두 번 구운 토스트가 이계도함수라고요?"

문제를 하나 풀어 보면서 이계도함수 y''가 얼마나 기름기가 많이 빠진 토스트의 모습인지 알아보도록 하겠습니다.

> **쏙쏙 문제 풀기**
>
> 함수 $y=x^3+2x^2-1$의 이계도함수를 구하시오.

자, 과연 이 함수는 얼마나 바삭한지 알아보도록 하겠습니다. 우선, 살짝 굽겠습니다. y를 미분하면 다음과 같습니다.

$$y'=3x^2+4x$$

항이 줄어든 바삭거리는 모습입니다.

"어? 정말 부피가 조금 줄어들었어요."

자, 여기서 한 번 더 구워 보겠습니다.

$$y''=6x+4$$

두 항에 공통으로 있던 x가 사라지면서 훨씬 바삭거리는 형태로 변했습니다. 웅철 군, 맛을 한번 보세요.

"훨씬 바삭거리고 고소해요."

그럼 이제부터 조금 더 자세히 설명하도록 하겠습니다. 자, 다음을 보세요.

$$(x^3+2x^2-1)'=(x^3)'+(2x^2)'+(-1)'$$
$$=3x^{3-1}+2\times2x^{2-1}+0$$
$$=3x^2+4x$$

지수를 앞으로 밀어 떨어뜨려서 곱해 주고 그 지수의 값에서 1을 뺐습니다.

"아, 그렇구나."

이 이야기는 여러분에게만 해 주는 이야기입니다. 제목은 'n계도함수'.

함수 $y=f(x)$를 n번 미분한 함수를 $f(x)$의 n계도함수라 하고 다음과 같이 나타낼 수 있습니다.

$$f^{(n)}(x), y^{(n)}, \frac{d^n}{dx^n}f(x), \frac{d^n y}{dx^n}$$

특히, 이계 이상의 함수를 고계도함수라고 합니다. 우리가 앞에서 배운《미분 1, 2, 3 이야기》에서 미분을 나타내는 '프라임 기호를 인디언 깃털에 비유했습니다. 이런 인디언 깃털들이 많이 붙어 있으면 고개도 들지 못하기 때문에 고계도함수라고 생각하면 됩니다.

"선생님, 그건 좀 억지 아닌가요? 저는 도저히 선생님의 유머를 따라가지 못하겠어요."

그럼 함수 $y = e^x \sin x$의 이계도함수를 구해 보도록 하겠습니다. 이계도함수를 구하기 위해서는 일계도함수부터 구해야 합니다. 토스트를 바싹 굽기 위해서 한 번에 오래 구우면 안 됩니다. 새까맣게 타 버립니다. 이계도함수도 마찬가지입니다. 좋은 토스트를 굽기 위한 것처럼 이계도함수는 일계도함수를 먼저 굽고 난 다음에 구워 주어야 합니다. 자, 그럼 풀이 들어갑니다.

$$y' = e^x \sin x + e^x \cos x$$

그런데 여기서 참 난감해집니다. 우선 우리를 괴롭게 만드는 삼각함수가 등장했고요. 곱미분 형태로 되어 있기도 합니다. 이건 마치 모든 수학적 괴로움과 번뇌가 다 들어간 문제 같아 보입니다. 이렇게 나온 결과를 두고 말을 안 하고 지나갈 수 없습니다. 앞에 나온 e^x는 미분한 결과이고, $\sin x$는 그냥 붙은 것입니다. 그다음 항에 있는 e^x는 미분하지 않은 형태이고, $\cos x$는 $\sin x$를 미분한 결과입니다. 더하기로 연결된 사연은 곱의 미분법을 적용 했기 때문에 그렇게 된 것입니다.

라이프니츠의 일곱 번째 수업

그다음 계산으로 일단은 e^x가 공통으로 들어가 있으니 인수분해를 이용해 e^x을 앞으로 끌어내고 괄호로 묶어 줍니다.

$e^x(\sin x + \cos x)$

인수분해의 고마운 도움으로 인한 기쁨도 잠시, 연이어 한 차례 더 미분 들어갑니다. 숨 돌릴 겨를도 없습니다.

$y'' = e^x(\sin x + \cos x) + e^x(\cos x - \sin x)$

"억, 미분하니 더 길어졌네?"

아직은 다 계산한 것이 아닙니다. 곱의 미분법과 합성함수의 미분법으로 인해 이스트를 넣은 빵처럼 잠시 부풀어 올랐을 뿐입니다. 자, 그럼 마저 전개하여 계산을 마칩니다.

$2e^x \cos x$

"음, 조금 더 자세히 설명해 주고 마치면 안 될까요? 오늘 영어 숙제가 많아서요."

앞의 마지막 장면을 자세히 살펴봅시다.

$$y'' = e^x(\sin x + \cos x) + e^x(\cos x - \sin x)$$
$$= e^x \sin x + e^x \cos x + e^x \cos x - e^x \sin x$$
$$= 2e^x \cos x$$

막상 전개하고 보니 그렇게 어려운 과정은 아니었습니다. 7교시 수업을 마칩니다.

수업정리

❶ 함수 $y=f(x)$의 도함수 $f'(x)$가 미분가능할 때, $f'(x)$의 도함수를 $y=f(x)$의 이계도함수라 합니다. 기호로는 $f''(x), y''$, $\dfrac{d^2}{dx^2}f(x), \dfrac{d^2y}{dx^2}$와 같이 나타냅니다.

❷ 함수 $y=f(x)$를 n번 미분한 함수를 $f(x)$의 n계도함수라 하고 다음과 같이 나타낼 수 있습니다.

$f^{(n)}(x), y^{(n)}, \dfrac{d^n}{dx^n}f(x), \dfrac{d^ny}{dx^n}$

8교시

도함수의 활용

도함수 활용법에 대해 알아봅니다.

수업 목표

1. 갈릴레이에 대해 알아봅니다.
2. 도함수의 활용을 알아봅니다.

미리 알면 좋아요

1. **방정식** 변수의 값에 관계없이 식이 항상 참인 항등식과 달리 변수가 특정 값혹은 함수일 때만 참이 되는 식을 말합니다. 그리고 어느 방정식을 참이 되게 하는 변수의 값을 해라고 합니다. 해는 없을 수도 있고불능, 몇 개의 값이거나 모든 값일 수도 있습니다. 마지막 경우, 그 방정식은 항등식이 됩니다.

2. **타원** 평면 위의 두 정점에서의 거리의 합이 언제나 일정한 점의 자취를 말합니다. 이 두 정점을 타원의 초점이라고 합니다.

라이프니츠의 여덟 번째 수업

　이번 수업에서는 미분이 어떤 일을 할 수 있는지 알아보도록 하겠습니다.

　위대한 과학자 갈릴레이는 다양한 실험을 한 과학자입니다. 갈릴레이는 진자의 주기가 진폭이나 추의 질량에 관계없이 일정하며, 진자의 길이가 길어질수록 주기가 길어진다는 사실을 알아내었습니다. 우리는 갈릴레이가 발견한 이 사실을 이해하기 위해 접선의 기울기를 이용해야 합니다. 그런데 이 접선의 기울기를 알아내는 데 바로 미분이 활용됩니다.

"선생님, 그런데 갈릴레이가 누구예요?"

갈릴레오 갈릴레이는 1564년 이탈리아에서 태어난 인물로 과학자이자 철학자, 물리학자였으며 17세기 과학 혁명의 주도자로 불립니다. 그의 업적으로는 망원경을 개량하여 관찰한 것, 운동 법칙의 확립 등이 있으며, 코페르니쿠스의 이론을 옹호하여 태양계의 중심이 지구가 아니라 태양임을 믿었다는 것이 있습니다. 그는 근대 천문학·물리학의 아버지라 불립니다. 사람들은 근대적인 의미에 있어 물리학의 시작을 갈릴레이로 보고 있습니다. 그는 다름 아닌 '실험적인 검증'에 의한 물리를 추구했기 때문이지요.

자, 우리는 이제부터 범고래를 잡으러 바다로 나갈 것입니다.

역시 바다로 나오니 마음이 탁 트입니다. 범고래의 아름다운 이마 곡선을 $f(x) = \ln x$라고 둘 수 있습니다. 범고래 이마 곡선의 도함수와 점 $P(1, 0)$에서의 접선의 기울기는 각각 다음과 같습니다.

$$f'(x) = \frac{1}{x}, f'(1) = 1$$

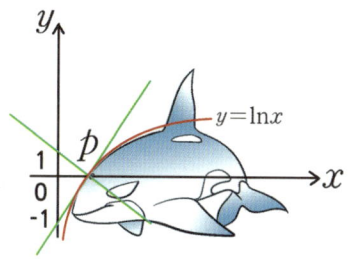

　범고래의 이마 곡선이 $f(x)=\ln x$이니까 그 접선의 기울기를 알기 위해서는 $f(x)$의 도함수를 구해야 합니다. 이전 수업 시간에 배운 내용을 잘 활용하여 $f'(x)=\dfrac{1}{x}$이 나온다는 것을 알 수 있을 것입니다. 그런데 이때, 접점에서 접선의 기울기는 x 자리에 1을 대입한 값입니다. 1을 대입하여 얻은 값은 위와 같이 1이 됩니다. 이것을 가지고 우리는 접선의 방정식을 알 수 있습니다. 접선의 방정식이 왜 필요하냐면 범고래를 혼내 주기 위해서입니다. 동물 다큐멘터리 같은 것을 보면 범고래는 아주 사나운 육식 동물로 나옵니다. 그들은 평화롭게 놀고 있는 물개들을 마구 잡아먹습니다. 우리는 그런 범고래를 혼내 주기 위해 접선의 방정식을 구해 녀석의 이마를 때리려고 합니다. 앞에 있는 그림을 보면 잘 알 수 있듯이 접선의 방정식은 함수 $f(x)=\ln x$라는 녀석의 이마 곡선을 한 대 치는 그림입니다.

자, 그럼 지금부터 그 접선의 방정식을 구하도록 합니다.

곡선 $y=f(x)$ 위의 점 $P(a, f(a))$에서의 접선의 방정식은 $y-f(a)=f'(a)(x-a)$

위 식에 따라 범고래의 이마를 치고 있는 작대기 같은 직선의 정체를 알아내겠습니다.

접선: $y-0=1\cdot(x-1)$

∴ $y=x-1$

범고래의 이마를 치고 있는 작대기의 정체는 $y=x-1$입니다. 내가 범고래의 이마를 치자 화가 난 범고래는 자신의 이마빡에서 물을 수직으로 내뿜습니다. 고래들의 이마에서 분수처럼 솟아오르는 물기둥을 본 적 있나요. 그 물기둥이 내가 한 대 친 작대기와 정확하게 수직으로 솟아오릅니다. 그림에는 편의상 직선으로 나타내었습니다. 만약 물기둥으로 그렸다면 우리

책이 종이라서 다 젖어 버릴 것입니다. 범고래가 뿜는 물의 양은 만만치 않거든요.

물기둥을 나타내는 법선을 구해 보도록 합니다. 곡선의 법선은 접점을 지나 접선에 수직이므로, 법선의 방정식은 다음과 같습니다.

쏙쏙 이해하기

곡선 $y=f(x)$ 위의 점 $P(a, f(a))$에서의 법선의 방정식은 $y-f(a)=-\dfrac{1}{f'(a)}(x-a)$ (단, $f'(a) \neq 0$)

이 공식을 이용하여 범고래가 쏘아 올린 물기둥의 직선을 구해 봅시다.

법선 : $y-0=(-1) \cdot (x-1)$

∴ $y=-x+1$

이제 사나운 범고래에 얽힌 사건은 뒤로하고 찜질방에서 맥반석 달걀을 먹으면서 공부해 봅시다.

"찜질방에서 달걀을 먹는 것은 아주 신나고 좋은 일이지만 왜 굳이 거기서 공부하려고 하세요?"

자, 옹철 군. 그럼 그 달걀도 먹지 마세요.

달걀 모양을 가진 타원 $x^2+4y^2=8$ 위의 점 $(-2, 1)$에서 접선의 방정식을 구해 보도록 하겠습니다. 우리는 달걀을 먹기 위해 손날을 이용해 껍질을 까기도 합니다. 그런데 그 손날이 달걀의 표면에 부딪치는 순간, 손날은 달걀의 곡선에서 접점을 가지게 될 것입니다. 그런데 우리가 도대체 왜 그 손날의 접선을 구해야 하는지 궁금해할 학생들도 있을 테지만, 여기서 말하는 손날이 시험 문제에 나오는 그래프라고 생각한다면 앞의 비유도 수긍이 갈 것입니다. 바로 이 접점을 구하는 데 미분을 이용할 수 있습니다.

그런데 문제는 달걀, 즉 타원의 식에서 양변을 x에 대하여 미분하기가 쉽지가 않다는 것입니다. 그래서 우리는 음함수의 미분법을 이용하여 기울기를 구하기로 합니다. $x^2+4y^2=8$의 양변을 x에 대하여 미분하면 다음과 같습니다.

$$2x+8yy'=0 \quad \therefore y'=-\frac{x}{4y}(단, y\neq 0)$$

점 $(-2, 1)$에서 접선의 기울기는 y'에 $x=-2, y=1$을 대입한 값이므로 기울기는 $-\dfrac{-2}{4\cdot 1}=\dfrac{1}{2}$입니다. 따라서 접선의 방정식은 $y-1=\dfrac{1}{2}\{x-(-2)\}$, $y=\dfrac{1}{2}x+2$입니다.

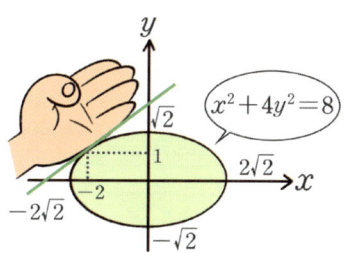

이제 다시 장소를 이동하여 프랑스 해변으로 가 봅시다. 이곳은 프랑스의 니스 해변입니다. 멋진 광경입니다. 지금부터는 롤 Michel Rolle, 1652~1719의 정리에 대해 알아보겠습니다. 롤의 정리란, 폐구간 $[a, b]$에서 미분가능한 함수 $f(x)$에 대한 정리입니다.

롤의 정리

함수 $f(x)$가 폐구간 $[a, b]$에서 연속이고 개구간 (a, b)에서 미분가능할 때, $f(a)=f(b)$이면 $f'(c)=0$인 c가 a와 b 사이에 적어도 하나 존재한다.

롤은 프랑스의 수학자입니다. 나는 롤의 정리를 보면 파도타기가 생각납니다. 기하학적 의미로 그림을 보면서 설명하겠습니다.

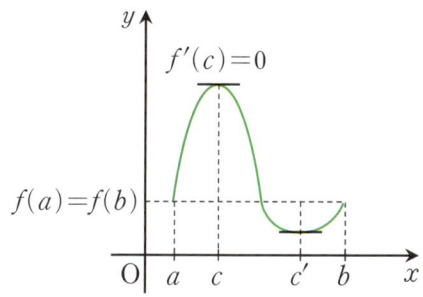

롤의 정리는 $f(x)$가 미분가능하고 $f(a)=f(b)$이면 구간 (a, b) 안에 x축과 평행인 접선이 적어도 하나 존재한다는 것입니다. 롤의 정리에서 함수 $f(x)$가 폐구간 $[a, b]$에서 연속이므로 이 구간에서 $f(x)$는 최솟값과 최댓값을 갖습니다. 파도타기를 하게 되면 최댓값 지점과 최솟값 지점에서가 가장 짜릿합니다. 그 지점은 미분값이 0이 되는 황홀한 지점입니다. 순간변화율이 제로인 지점인 것입니다.

롤의 정리를 이용한 평균값의 정리를 끝으로 이번 수업도 마치겠습니다. 참고로, 평균값의 정리는 영어로 Mean Value Theorem이라고 합니다.

> **Tip 평균값의 정리**
>
> 함수 $f(x)$가 폐구간 $[a, b]$에서 연속이고, 개구간 (a, b)에서 미분가능하면 $\dfrac{f(b)-f(a)}{b-a}=f'(c)$인 c가 a와 b 사이에 적어도 하나 존재한다.

이러한 정리를 응용하여 다리 길이가 맞지 않는 원탁의 중국집 식탁을 돌리다 보면 딱 맞는 지점이 있다는 것을 알아낼 수 있습니다. 삐거덕거리는 다리의 균형을 맞추기 위한 평균값의 정리 활용입니다. 자, 이상으로 이번 수업을 마칩니다.

"선생님, 선생님, 라이프니츠 선생님! 우리 짜장면 한 그릇 먹어요. 선생님이 쏘는 거예요."

수업 정리

❶ $y=f(x)$ 위의 점 $P(a, f(a))$에서의 접선의 방정식

$$y-f(a)=f'(a)(x-a)$$

❷ $y=f(x)$ 위의 점 $P(a, f(a))$에서의 법선의 방정식

$$y-f(a)=-\frac{1}{f'(a)}(x-a) \ (단, f'(a)\neq 0)$$

❸ 롤의 정리

함수 $f(x)$가 폐구간 $[a, b]$에서 연속이고 개구간 (a, b)에서 미분가능할 때, $f(a)=f(b)$이면 $f'(c)=0$인 c가 a와 b 사이에 적어도 하나 존재한다.

❹ 평균값의 정리

함수 $f(x)$가 폐구간 $[a, b]$에서 연속이고, 개구간 (a, b)에서 미분가능하면 $\dfrac{f(b)-f(a)}{b-a}=f'(c)$인 c가 a와 b 사이에 적어도 하나 존재한다.

9교시

도함수의 활용
−함수의 증감 판별

도함수를 활용하여 함수의 증가와 감소를 판별해 봅시다.

수업 목표

도함수를 이용하여 함수의 증감을 판별합니다.

미리 알면 좋아요

극값 함수 $f(x)$가 연속이고 $x=a$ 부근에서 증가 → 감소로 변하면 $f(a)$는 극댓값이고, $x=b$ 부근에서 감소 → 증가로 변하면 $f(b)$는 극솟값을 가집니다. 이러한 극댓값과 극솟값을 통틀어 극값이라고 합니다.

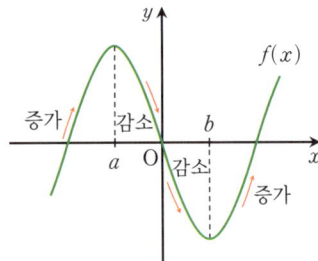

라이프니츠의
아홉 번째 수업

    이번 시간에는 미분을 이용하여 함수의 증가, 감소를 판별하고 이를 활용하는 법을 배워 보도록 하겠습니다. 함수의 증가, 감소를 미분을 통해 알 수 있는 방법은 이미 《미분 1, 2, 3 이야기》를 읽어 본 학생들은 알고 있을 것입니다. 하지만 그렇다고 모두 다 기억하지는 못 할 것이므로 여기서 다시 한번 살짝 다루어 보고 수업을 진행하도록 하겠습니다.

    함수가 어떤 구간에서 증가 또는 감소할 조건은 도함수 $f'(x)$

의 부호에 따라서 다음과 같이 결정될 수 있습니다.

> 함수 $f(x)$가 어떤 구간에서 미분가능하고, 그 구간의 모든 x에 대하여
> (1) $f'(x)>0$이면, $y=f(x)$는 그 구간에서 증가한다.
> (2) $f'(x)<0$이면, $y=f(x)$는 그 구간에서 감소한다.

이런 사실을 통해 우리는 비교적 조석 간만의 차가 큰 해변의 해수면의 높이에서 증가하는 구간과 감소하는 구간을 알아낼 수 있고 그 구간의 규칙성도 예상할 수 있습니다.

우선, 함수 $y=f(x)$가 어떤 구간에 속하는 임의의 두 수 a, b에 대하여,

(1) $a<b$일 때, $f(a)<f(b)$이면 함수 $f(x)$는 이 구간에서 증가합니다.

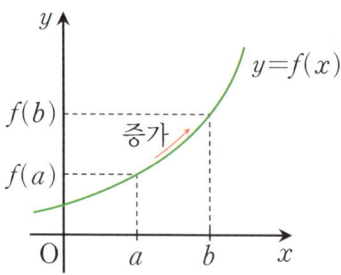

(2) $a<b$일 때, $f(a)>f(b)$이면 함수 $f(x)$는 이 구간에서 감소합니다.

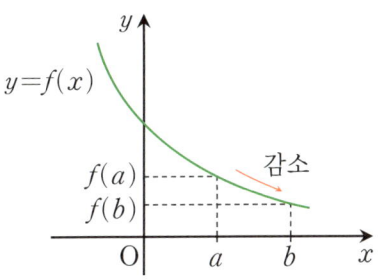

함수 $f(x)$가 어떤 구간에서 미분가능할 때, 그 구간의 임의의 두 수 a, b에 대하여 $a<b$이면, 평균값의 정리에 의하여 $\frac{f(b)-f(a)}{b-a}=f'(c)\,(a<c<b)$인 c가 적어도 하나 존재합니다. 그러므로 우리는 위 식에서 $f(b)-f(a)=f'(c)(b-a)$ $(a<c<b)$이고 $b-a>0$이므로 다음을 알 수 있습니다.

> 함수 $f(x)$가 어떤 구간의 임의의 두 수 a, b에 대하여,
> (1) $f'(c)>0$이면 $f(b)-f(a)>0$, 즉 $f(a)<f(b)$이므로 함수 $f(x)$는 이 구간에서 증가한다.
> 해수면이 높아지므로 조심해야 한다는 것을 알 수 있습니다.

(2) $f'(c)<0$이면 $f(b)-f(a)<0$, 즉 $f(a)>f(b)$이므로 함수 $f(x)$는 이 구간에서 감소한다.

해수면이 감소하는 구간이 될 수 있으므로 조심해야 할 것을 알 수 있습니다.

이런 함수의 증가와 감소를 이용해서 함수의 극댓값과 극솟값을 가지는 곳을 알 수 있습니다. 함수 $f(x)$가 $x=a$에서 연속이고 $x=a$ 부근에서 증가 → 감소로 변하면 $f(a)$는 극댓값이고, 감소 → 증가로 변하면 $f(a)$는 극솟값을 가집니다. 또한 $f(x)$가 $x=a$에서 극값을 가지고 미분가능하면 $f'(a)=0$입니다. 파도의 정상과 맨 아래의 미분값은 0임을 뜻합니다.

파도 그림을 하나 살펴봅시다. 다행히 상어는 보이지 않습니다.

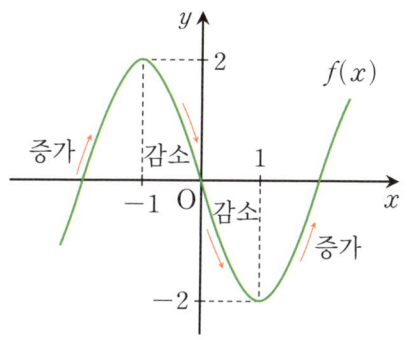

일반적으로 함수 $f(x)$의 극값을 구하기 위해서는 $f'(x)=0$이 되는 점과 미분가능하지 않는 점의 좌우에서 $f'(x)$의 부호 변화를 조사하면 됩니다.

다음은 파도의 극값을 판정하기 위해 알아야 할 사항입니다.

(1) $x<a$일 때, $f'(x)>0$, $x>a$일 때, $f'(x)<0$이면, $f(x)$는 $x=a$에서 극대이고, 극댓값은 $f(a)$이다.

(2) $x<a$일 때, $f'(x)<0$, $x>a$일 때, $f'(x)>0$이면, $f(x)$는 $x=a$에서 극소이고, 극솟값은 $f(a)$이다.

어떤 지점을 기점으로 좌우의 변화를 미분을 통해 알아내면 극댓값과 극솟값을 금방 알아낼 수 있습니다.

이제 수준을 한 단계 높여서 이계도함수를 이용한 극값의 판정을 알아보도록 하겠습니다.

$f'(a)=0$인 경우, $x=a$에서 극값을 판정할 때 다음과 같이 이계도함수의 부호를 조사하는 방법이 있습니다. 어떤 함수를 두 번 굽는, 즉 미분하는 것이 바로 이계도함수입니다.

> **Tip 이계도함수를 이용한 극값의 판정**
>
> $f'(a)=0$이고, $x=a$의 근처에 $f''(x)$가 존재할 때, 함수 $f(x)$는 $x=a$에서
> (1) $f''(a)<0$이면 극댓값 $f(a)$를 가진다.
> (2) $f''(a)>0$이면 극솟값 $f(a)$를 가진다.

자, 이제 위 사실을 증명해 보겠습니다.

"안 돼. 증명은 너무 어려워. 싫어. 하지 마세요."

옹철 군, 아무리 두렵다 하더라도 맞서 부딪쳐 봐야 합니다. 자, 잘 들어 보세요.

이계도함수의 정의에 의하여, $f''(a) = \lim\limits_{x \to a} \dfrac{f'(x) - f'(a)}{x-a}$
$= \lim\limits_{x \to a} \dfrac{f'(x)}{x-a}$ 원래 이 식의 전제 조건인 $f'(a)=0$을 적용했습니다. 가 성립합니다.

(1)번 가정에서 $f''(a) < 0$이므로, a에 충분히 가까운 x에 대하여 $\dfrac{f'(x)}{x-a} < 0$임을 알 수 있습니다. 그러므로,

$$\begin{cases} x < a \text{이면 } f'(x) > 0 \\ x > a \text{이면 } f'(x) < 0 \end{cases}$$

이렇게 나올 수 있는 배경에는 함수의 극한의 성질이 적용되었기 때문입니다. 따라서, $f(a)$는 극댓값이 됩니다. (2)번 가정의 $f''(a) > 0$의 경우도 위와 동일한 방법으로 증명할 수 있습니다.

이제 최종적으로 함수의 최댓값과 최솟값의 뜻을 알아보고 좀 쉬도록 하겠습니다.

"예예. 감사합니다."

함수 $f(x)$가 폐구간 $[a, b]$에서 연속일 때 극댓값, 극솟값, 양 끝값 중에서 가장 큰 값이 최댓값이고, 가장 작은 값이 최솟값입니다. 풍경화 보듯이 그림을 보면서 마칩니다.

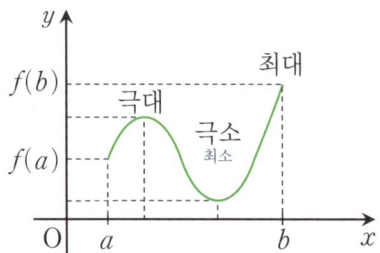

수업정리

❶ 함수의 증가, 감소

- $f'(x)>0$인 구간에서 $f(x)$는 증가합니다.
- $f'(x)<0$인 구간에서 $f(x)$는 감소합니다.

❷ 함수 $f(x)$가 어떤 구간에서 미분가능할 때, 그 구간 임의의 두 수 a, b에 대하여 $a<b$이면 평균값의 정리에 의하여 $\dfrac{f(b)-f(a)}{b-a}=f'(c)(a<c<b)$인 c가 적어도 하나 존재합니다.

❸ 이계도함수를 이용한 극값의 판정

$f'(a)=0$이고, $x=a$의 근처에 $f''(x)$가 존재할 때, 함수 $f(x)$는 $x=a$에서

- $f''(a)<0$이면 극댓값 $f(a)$를 가집니다.
- $f''(a)>0$이면 극솟값 $f(a)$를 가집니다.

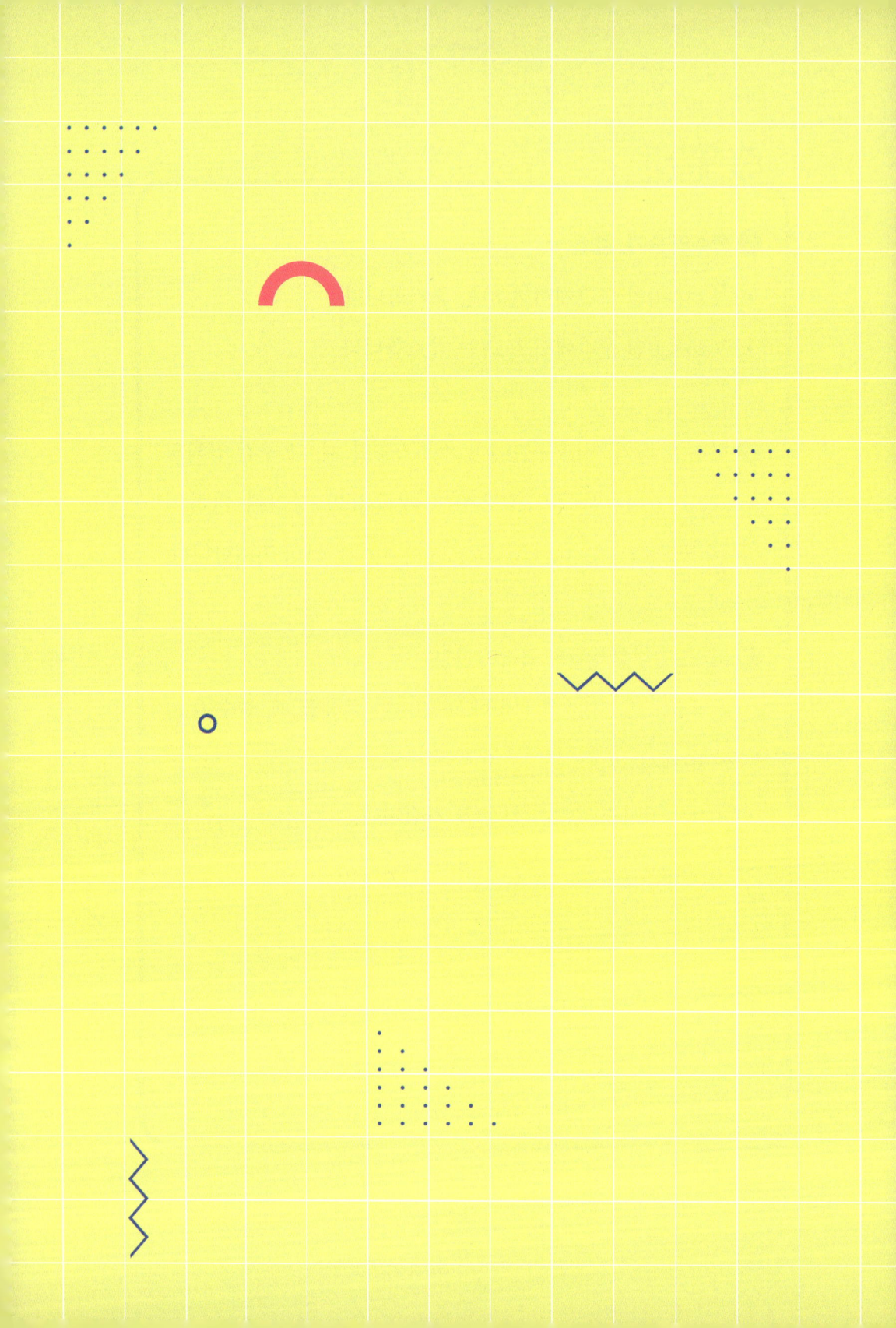

10교시

미분을 이용한
함수 그래프 그리기

미분을 이용해 여러 가지 함수 그래프를 배워 봅시다.

수업 목표

미분을 이용하여 여러 가지 함수를 알아봅니다.

미리 알면 좋아요

1. **호** 원의 일부로 중심각에 비례되는 원주의 한 부분을 말합니다.

2. **현** 호의 양 끝점을 직선으로 이은 선분을 말합니다.

3. **변곡점** 굴곡의 방향이 바뀌는 자리를 나타내는 곡선 위의 점을 말합니다.

4. **우함수** 함수 $f(x)$가 $f(-x)=f(x)$라는 관계를 만족할 때, $f(x)$를 이르는 말입니다. 이 함수의 그래프는 y축에 대하여 대칭입니다.

5. **기함수** 함수 $f(x)$가 $f(-x)=-f(x)$라는 관계를 만족할 때, $f(x)$를 이르는 말입니다. 이 함수의 그래프는 원점에 대하여 대칭입니다.

라이프니츠의 열 번째 수업

우리는 지난 시간까지 다양한 함수의 미분법과 그 활용에 대해 알아보았습니다. 이것을 바탕으로 이번 시간에는 함수의 그래프를 공부하겠습니다. 여러 가지 함수의 그래프의 대략적인 그림을 그리려면 몇 가지 기술을 익혀야 합니다. 그 첫 기술이 바로 곡선의 오목, 볼록 상태를 알아보는 기술입니다. 물론 이 기술에 필요한 첨가제는 미분입니다. 미분이라는 첨가제를 사용하지 않고는 오목이든 볼록이든 제맛을 살릴 수가 없습니다.

> **Tip** 곡선의 오목, 볼록 상태
>
> 구간 (a, b)에서 곡선 $y=f(x)$ 위의 임의의 두 점 P, Q에 대하여 P, Q 사이에 있는 곡선 부분이 항상 선분 PQ보다 아래쪽에 있을 때, 곡선 $y=f(x)$는 구간 (a, b)에서 아래로 볼록 또는 같은 모습이지만 다른 말로 위로 오목하다고 할 수 있다.

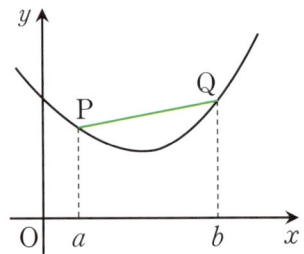

위 그림을 보았으니 이제는 호 PQ와 현 PQ라는 용어로 설명을 하겠습니다. 호 PQ가 현 PQ보다 위쪽에 있으면 곡선 $y=f(x)$는 이 구간에서 위로 볼록 또는 아래로 오목하다고 할 수 있습니다.

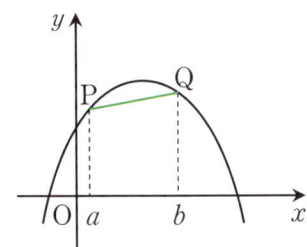

자, 이제 이계도함수를 이용하여 곡선의 오목과 볼록을 조사해 봅시다. 어떤 구간에서 $f'(x)>0$이면 $f(x)$는 증가함수입니다. 그래서 x가 커짐에 따라 $f(x)$는 커집니다. $f''(x)>0$이면 $f'(x)$는 증가함수이므로 x가 차츰 커짐에 따라 $f'(x)$는 커집니다. 그런데 여기서 $f'(x)$는 $y=f(x)$의 접선의 기울기를 나타냅니다. 그래서 $f'(x)$가 증가함수인 범위에서는 접점이 오른쪽으로 움직임에 따라 기울기는 결과적으로 증가합니다. 따라서, $f''(x)>0$인 구간에서는 곡선 $y=f(x)$가 아래로 볼록하게 되는 것입니다.

그림을 감상해 보세요. 마치 턱을 수술하는 모습 같지 않나요? 하하하.

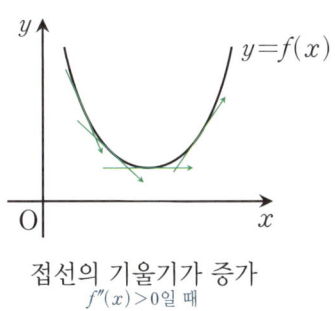

접선의 기울기가 증가
$f''(x)>0$일 때

자, 이제 반대의 경우를 알아보도록 합시다.

어떤 구간에서 $f'(x)<0$이면 $f(x)$는 감소함수입니다. 그래서 x가 커짐에 따라 $f(x)$는 작아집니다.

마찬가지로 $f''(x)<0$이면 $f'(x)$는 감소함수이므로 x가 차츰 커짐에 따라 $f'(x)$는 작아집니다. 그런데 $f'(x)$는 $y=f(x)$의 접선의 기울기를 나타냅니다. 그래서 $f'(x)$가 감소함수인 범위에서는 접점이 오른쪽으로 움직임에 따라 기울기는 결과적으로 감소합니다. 따라서, $f''(x)<0$인 구간에서는 곡선 $y=f(x)$가 위로 볼록하게 되는 것입니다.

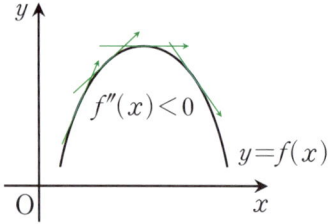

> **Tip 곡선의 오목, 볼록 판정**
>
> 함수 $f(x)$가 어떤 구간에서 항상,
> (1) $f''(x)>0$이면 곡선 $y=f(x)$는 이 구간에서 아래로 볼록하다.
> (2) $f''(x)<0$이면 곡선 $y=f(x)$는 이 구간에서 위로 볼록하다.

볼록, 오목이라는 말은 정말 동전의 양면과 같은 표현입니다. 가령, 아래로 볼록하다는 말은 위로 오목하다는 말과 같은 표현이고요. 위로 볼록하다는 말은 아래로 오목하다는 표현과 같습니다. 이제 곡선 $f(x) = x^3 - 3x^2$의 오목, 볼록을 조사해 보겠습니다.
"곡선아. 미분으로 조사하면 다 나와요! 바른대로 말해."

일단 일차로 미분해 봅시다.

$$f'(x) = 3x^2 - 6x$$

녀석은 아직 어디가 오목하거나 볼록한지 실토하지 않습니다. 그래서 한 번 더 미분해 봅니다.

$$f''(x) = 6x - 6$$

기준을 잡기 위해 $f''(x)=0$인 x의 값을 찾으면 $x=1$입니다.

x	……	1	……
$f''(x)$	−	0	+
$f(x)$	위로 볼록	−2	아래로 볼록

우리는 여기서 곡선 $y=f(x)$는 $x<1$일 때 위로 볼록하고, $x>1$일 때 아래로 볼록하다는 것을 알 수 있습니다. 물론, 여러분은 아직 감을 잡기가 조금 힘들 것입니다. 하지만 그림을 보면서 증감표와 비교하여 감각을 익히도록 합시다.

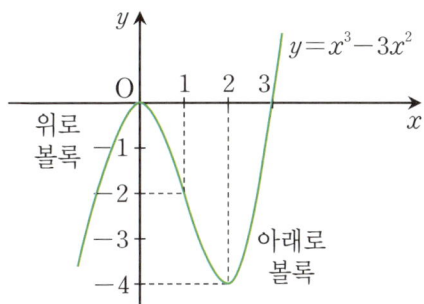

자, 그림을 보면서 조금이나마 새로움을 느껴 보았나요?

$f(x)=x^3-3x^2$은 점 $(1, -2)$를 경계로 하여 위로 볼록에서 아래로 볼록으로 곡선의 모양이 바뀌었습니다. 이와 같이 곡선 $y=f(x)$ 위의 점 $P(a, f(a))$에 대하여 $x=a$의 좌우에서 곡선의 모양이 위로 볼록에서 아래로 볼록으로 바뀌거나 아래로 볼록에서 위로 볼록으로 바뀔 때, 점 P를 곡선 $y=f(x)$의 변곡점이라고 합니다. 따라서 여기에서는 $(1, -2)$가 변곡점이 되겠지요.

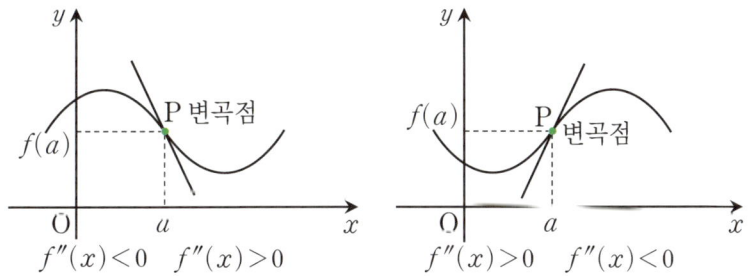

변곡점은 영어로 inflection point이라고 합니다. 일반적으로 곡선은 변곡점에서의 접선에 의하여 양분됩니다.

변곡점은 곡선의 모양을 변하게 하는 점입니다. 자, 이쯤에서 변곡점의 판정 기준을 알려 주겠습니다.

> **Tip 변곡점의 판정 기준**
> (1) $y''=0$으로 하는 $x=a$를 구한다.
> (2) $x=a$의 좌우에서 $f''(x)$의 부호가 바뀌면 점 $(a, f(a))$가 곡선 $y=f(x)$의 변곡점이다.

이제 여러분은 오목, 볼록, 변곡점을 알게 되었습니다. 그럼 이런 기술을 이용하여 곡선의 그래프를 그려 낼 수 있을 것입니다.

후우, 숨을 한 번 크게 내쉬고 함수 그래프의 개형개략적으로 그리는 것을 알아보도록 하겠습니다. 함수 $y=f(x)$에 대하여 다음과 같은 사항을 조사한 다음 이를 종합하여 함수 그래프의 개형을 그릴 수 있습니다.

(1) 곡선이 존재하는 범위 함수의 정의역과 치역
(2) 좌표축과의 만나는 점
(3) 곡선의 대칭성과 주기
  $\begin{cases} 우함수 : y축에 대칭 f(-x)=f(x) \\ 기함수 : 원점에 대칭 f(-x)=-f(x) \end{cases}$
(4) 함수의 증감과 극대, 극소 $f'(x)$의 부호로 판정
(5) 그래프의 오목, 볼록, 변곡점 $f''(x)$의 부호로 판정
(6) 점근선과 $\lim\limits_{x \to \infty} f(x)$, $\lim\limits_{x \to -\infty} f(x)$

곡선 위의 점이 원점에서 한없이 멀어짐에 따라 어떤 직선 또는 곡선에 한없이 가까워질 때, 이 직선 또는 곡선을 원래 곡선의 점근선이라 합니다. 이 점근선을 기호와 문자로 설명하는 것은 짜증 나는 일이므로 그림으로 화끈하게 보여 주도록 하겠습니다.

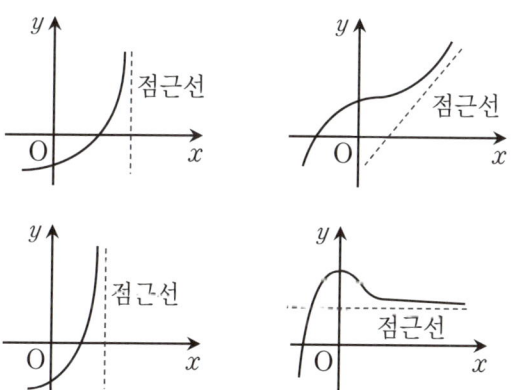

　오목, 볼록, 변곡점을 조사하여 $y=x^3-3x^2+5$의 그래프를 대충 그려 보면서 이번 수업을 마칠까 합니다.

　곡선의 오목, 볼록 판정은 y''의 부호로 할 수 있습니다. $y''>0$이면 아래로 볼록하고, $y''<0$이면 위로 볼록한 그림이 될 것입니다.

$y'=3x^2-6x=3x(x-2)$ 인수분해 들어갔습니다.

$y''=6x-6=6(x-1)$ 이계도함수에서도 인수분해 들어갔네요.

$y'=0$에서 $x=0, 2$

$y''=0$에서 $x=1$

따라서, y'과 y''의 부호를 조사하여 표로 나타내면 다음과 같습니다.

x	……	0	……	1	……	2	……
y'	+	0	−	−	−	0	+
y''	−	−	−	0	+	+	+
y	⌒	극대	⌒	변곡점	⌑	극소	⌣

이때, $x<1$이면 $y''<0$, $x>1$이면 $y''>0$입니다. 따라서, $x<1$일 때 위로 볼록한 그림이고요. $x>1$일 때 아래로 볼록한 그림입니다. 변곡점은 $(1, 3)$입니다.

"아, 선생님! 힘들어요. 이제 그만해요, 제발."

옹칠 군, 안 그래도 이번이 마지막 수업입니다.

그동안 어렵고 힘든 미분을 공부하느라 옹칠 군도, 학생들도

라이프니츠의 열 번째 수업

수고가 많았습니다. 하지만 우리가 지난 네 권의 책으로 배운 미분을 잊지 말고 복습하며 기억한다면 꼭 그에 합당한 보상을 받을 수 있을 것입니다. 자, 그럼 다음에 다시 만날 때까지 몸 건강히 지내고 있어요! 안녕~!

수업정리

❶ 곡선의 오목, 볼록 상태

구간 (a, b)에서 곡선 $y=f(x)$ 위의 임의의 두 점 P, Q에 대하여 P, Q 사이에 있는 곡선 부분이 항상 선분 PQ보다 아래쪽에 있을 때, 곡선 $y=f(x)$는 구간 (a, b)에서 아래로 볼록한 모습이거나 같은 모습입니다. 이것은 위로 오목하다고 할 수도 있습니다.

❷ 곡선의 오목, 볼록 판정

함수 $f(x)$가 어떤 구간에서 항상,
- $f''(x) > 0$이면 곡선 $y=f(x)$는 이 구간에서 아래로 볼록합니다.
- $f''(x) < 0$이면 곡선 $y=f(x)$는 이 구간에서 위로 볼록합니다.

❸ 함수 그래프의 개형을 그리는 방법

함수 $y=f(x)$에 대하여 다음과 같은 사항을 조사한 다음 이를 종합하여 그릴 수 있습니다.

(1) 곡선이 존재하는 범위 함수의 정의역과 치역

(2) 좌표축과 만나는 점

(3) 곡선의 대칭성과 주기
$$\begin{cases} \text{우함수}: y\text{축에 대칭 } f(-x)=f(x) \\ \text{기함수}: \text{원점에 대칭 } f(-x)=-f(x) \end{cases}$$

(4) 함수의 증감과 극대·극소 $f'(x)$의 부호로 판정

(5) 그래프의 오목, 볼록, 변곡점 $f''(x)$의 부호로 판정

(6) 점근선과 $\lim\limits_{x \to \infty} f(x)$, $\lim\limits_{x \to -\infty} f(x)$

NEW 수학자가 들려주는 수학 이야기 72
라이프니츠가 들려주는 미분 4 이야기

ⓒ 김승태, 2009

2판 1쇄 인쇄일 | 2025년 9월 25일
2판 1쇄 발행일 | 2025년 10월 15일

지은이 | 김승태
펴낸이 | 정은영
펴낸곳 | (주)자음과모음

출판등록 | 2001년 11월 28일 제2001-000259호
주소 | 10881 경기도 파주시 회동길 325-20
전화 | 편집부 (02)324-2347, 경영지원부 (02)325-6047
팩스 | 편집부 (02)324-2348, 경영지원부 (02)2648-1311
e-mail | jamoteen@jamobook.com

ISBN 978-89-544-5317-2 44410
      978-89-544-5196-3 (세트)

• 잘못된 책은 교환해 드립니다.